Gabriele Franke

Französische Grammatik üben 8. Schuljahr

MANZ VERLAG

3. Auflage 2005
Manz Verlag

Lektorat: Peter Süß, München
Herstellung: S · M · P Oehler, Remseck
Umschlaggestaltung: Werkstatt München: Weiss/Zembsch, München
Illustration: Sven Palmowski, Barcelona
Druck: Ludwig Auer GmbH, Donauwörth
Printed in Germany

ISBN 3-7863-2411-5

Tipps zum Training mit diesem Buch

Mit diesem Buch kannst du alle wichtigen Grammatikthemen des zweiten Lernjahres Französisch üben. Durch das Training begleiten dich Julie und Philippe. Sie zeigen dir neben einigen schönen Plätzen Frankreichs auch die Grammatikkapitel, die du im 8. Schuljahr können solltest. Bei Familie Pinot ist immer etwas los, sodass es dir beim Training nie langweilig wird. Überzeuge dich am besten selbst und probiere es aus.

Damit du bei jedem Abschnitt sofort siehst, worum es geht, stehen die wichtigsten Infos zu den grammatischen Formen vorab auf so genannten „Spickern". Kurze Beispiele machen deutlich, wie die Formen verwendet werden. Danach kannst du dann ausführlich trainieren. Dazu brauchst du nur noch einen Stift, denn alle Übungen können im Buch bearbeitet werden.

Vergleiche am Ende einer Übung deine Vorschläge mit den Lösungen, die du im Anhang des Buches findest. Wenn du regelmäßig trainierst – zwanzig Minuten pro Tag reichen aus –, wirst du im Lauf der Zeit immer sicherer und fit für jede Klassenarbeit.

Wir wünschen dir viel Spaß und alles Gute für ein erfolgreiches Training!

Inhalt

I Die reflexiven Verben

J Das *Plus-que-parfait*

Lösungen

A Adjektive

Viele Adjektive sind dir aus dem ersten Lernjahr bekannt, wie *petit, grand, jeune, dangereux, sympathique*. Und du weißt, dass sich die Form der Adjektive in Numerus (Singular – Plural) und Genus (Maskulinum – Femininum) immer nach dem Nomen richtet, zu dem das Adjektiv gehört. Zur Wiederholung und als Aufwärmtraining wollen wir bekannte Adjektivformen bestimmen.

1. Setze die in Klammern angegebenen Adjektive in der richtigen Form ein.

Der letzte Schultag

Julie et son amie, Caroline, sont ______________ **(content)**. Elles ont une très ____________ **(bon)** idée. Elles vont aller au ____________ **(petit)** café à côté de la Tour Montparnasse et fêter la première journée des vacances. Leurs frères, Philippe et Sébastien, et leurs amis ______________ **(sympathique)**, Jérôme et Annabelle, les accompagnent. Ils regardent les gens qui passent dans la rue.

Julie: «Caroline, est-ce que tu vois les ___________ **(joli)** dames?»

Caroline: «Oui, elles sont très ______________ **(élégant)**. Et regarde là, les touristes ____________ **(allemand)**. Ils racontent des histoires ________________ **(amusant)** et parlent de leurs vacances à Paris.»

Jérôme: «Les filles, ne regardez pas les autres gens, vos ___________ **(cher)** frères sont là aussi. Alors, qu'est-ce que vous faites pendant* les vacances?»

* *pendant* = während

Julie und Philippe erzählen, dass sie zusammen mit ihren Eltern in die Auvergne fahren und am Lac Chambon zelten werden. Zudem wollen sie sich mit Freunden in Clermont-Ferrand und in Le Mont-Dore treffen.

1 Besondere Adjektive: *vieux, beau, nouveau*

Diese drei Adjektive haben eine gemeinsame Besonderheit: Die männliche Form im Singular hat zwei verschiedene Varianten. Steht das Adjektiv vor einem Nomen, das mit Konsonant beginnt, nimmst du *vieux / beau / nouveau,* beginnt das Nomen mit Vokal, musst du *vieil / bel / nouvel* verwenden. Im Plural gibt es jeweils nur eine männliche und eine weibliche Form, wie normalerweise üblich. Die folgenden Beispiele zeigen dir alle Adjektivformen auf einen Blick:

Singular		
un vieux pull	un beau pull	un nouveau pull
un **vieil a**norak	un **bel a**norak	un **nouvel a**norak
une vieille chemise	une belle chemise	une nouvelle chemise
Plural		
des vieux pulls	des beaux pulls	des nouveaux pulls
des vieux anoraks	des beaux anoraks	des nouveaux anoraks
des vieilles chemises	des belles chemises	des nouvelles chemises

Du siehst, dass du nur aufpassen musst, wenn diese drei Adjektive vor dem Nomen stehen. Stehen sie prädikativ, also beim Verb, dann gibt es für die männliche Form im Singular jeweils nur *vieux, beau* und *nouveau.*

Beispiele: *L'anorak est vieux. L'immeuble est beau. L'hôtel est nouveau.*

Am besten probierst du die Formen der Adjektive gleich aus. Wir üben jedes Adjektiv zuerst für sich.

2. Setze die fehlenden Formen *vieux / vieil* oder *vieille* sowie *vieux* oder *vieilles* ein – in die linke Spalte jeweils die Singularformen, rechts die Pluralformen.

a) une ____________ voiture des ____________ voitures

b) un ____________ animal des ____________ animaux

c) un ____________ cinéma des ____________ cinémas

d) une ____________ tomate des ____________ tomates

e) un ____________ instrument des ____________ instruments

3. Setze die Formen *beau / bel, belle, beaux* oder *belles* ein.

a) une ____________ surprise des ____________ surprises

b) une ____________ école des ____________ écoles

c) un ____________ verre des ____________ verres

d) un ____________ immeuble des ____________ immeubles

e) un ____________ agent des ____________ agents

4. Setze die Formen *nouveau / nouvel, nouvelle, nouveaux* oder *nouvelles* ein.

a) un ____________ architecte des ____________ architectes

b) une ____________ élève des ____________ élèves (fem.)

c) un ____________ élève des ____________ élèves (mask.)

d) un ____________ bâtiment des ____________ bâtiments

e) un ____________ ordinateur des ____________ ordinateurs

Zu Hause angekommen, begutachtet Julie ihren Kleiderschrank. Was soll sie nur in die Ferien mitnehmen? Was sie sieht, macht sie ziemlich unzufrieden.

5. Überlege, welche Formen von *vieux* in den folgenden Text passen und setze ein.

Julie: «Maman, regarde! J'ai seulement des ____________ vêtements pour les vacances, je ne peux pas partir.»

Mme Pinot: «Mais, Julie, qu'est-ce que tu veux dire?»

Julie: «Voilà, mes jeans sont ____________ et ma robe bleue est ____________. J'ai un ____________ pantalon gris, une ____________ jupe, un ____________ anorak, des ____________

	chaussures, un T-shirt que je trouve très ___________ et des ___________ pulls. C'est tout.»
Mme Pinot:	«Oui, oui, Julie, je comprends, tout est ___________. Et nous habitons un ___________ appartement dans un ___________ immeuble et tes parents sont ___________ aussi. Alors, qu'est-ce que tu veux t'acheter pour les vacances, ma chérie?»
Julie:	«Oh, maman, tu n'es pas ___________, tu es encore très jeune! Tu sais, dans le petit magasin dans la rue du Sentier, il y a un pantalon très chic et des T-shirts et …»

Also ziehen Julie und Mme Pinot los und kaufen ein.

6. **Überlege, welche Formen von *beau* und *nouveau* in den folgenden Text passen. Lass dich nicht beirren – in Klammern steht immer nur die „normale" männliche Form Singular vor Konsonant.**

Au magasin, Mme Pinot, la maman de Julie, propose un ______________ **(nouveau)** pantalon à Julie. Sa mère le trouve très ______________ **(beau)** et il est bon marché. Mais Julie voit des ______________ **(beau)** blousons qu'elle adore tout de suite. Les blousons sont de la ______________ **(nouveau)** collection. Mme Pinot les trouve trop chers. Alors, elle regarde des modèles qui sont aussi ______________ **(nouveau)**, mais qui coûtent seulement 30 euros. C'est beaucoup mieux.

Enfin, Julie prend aussi un ______________ **(beau)** sweat d'une ______________ **(beau)** couleur, un ______________ **(nouveau)** chemisier et trois ______________ **(beau)** jupes pour sortir avec les filles des amis de Mme et M. Pinot. Julie est contente de ses ______________ **(nouveau)** vêtements. Ils sont ______________ **(beau)** et la vie est ______________ **(beau)** quand on est en vacances!

2 Farbadjektive

Die Farbadjektive stehen alle hinter dem Nomen, zu dem sie gehören. Du bildest die männliche und die weibliche Form so, wie du das bereits aus dem Unterricht kennst.

Adjektive, die auf -e enden, haben im Singular nur eine Form für Maskulinum und Femininum:

jaune, rouge

Ansonsten bilden wir die Formen ganz „normal".

Willst du die weibliche Form bilden, so hängst du in der Regel ein -e an die männliche Form an:

bleu, bleue
gris, grise
noir, noire
vert, verte

männlich:	weiblich:
violet	violette
blanc	blanche

Neben den Adjektiven *super, extra, sympa* und *bon marché* sind auch *orange* und *marron* im Singular und im Plural immer unveränderlich.

Tipp

Für die Bildung der Pluralformen gilt wie bisher: Die Adjektive bekommen im **Plural** ein ***-s***, es sei denn, sie enden im Singular schon auf ***-s*** oder ***-x***: *un bus* ***gris*** *– des bus* ***gris****;* aber: *une jupe grise – des jupes grises.*

Nach so viel Theorie gleich zur Praxis. Philippe und Sébastien legen weniger Wert auf aktuelle Mode. Sie finden im Secondhandshop um die Ecke allerlei Brauchbares.

7. Philippe wandelt nach einem Besuch im Laden seine knappen Notizen in einen Bestellzettel um, damit seine Mutter weiß, was sie kaufen kann. Gleiche die Adjektivform jeweils an das Nomen an und schreibe den Preis dazu.

nombre	vêtement	couleur	prix
1	T-shirt	jaune	1 euro
2	sweats	gris	4 euros
1	cravate (f.)	blanc	3 euros
2	pantalons	violet	4 euros
3	chemises	marron	3 euros
2	jeans	orange	4 euros

Chère maman, je voudrais un T-shirt jaune à 1 euro, deux ____________

____

____

____

____

Als Mme Pinot die Sachen nach Hause mitbringt, ist M. Pinot entsetzt.

8. Setze die in Klammern angegebenen Adjektive in die richtige Form.

M. Pinot n'aime pas les vêtements de son fils. Il critique «la nouvelle collection» de son fils:

«Mon cher Philippe, je préfère les pantalons ______________ **(marron)**, les jeans __________ **(bleu)**, les T-shirts _____________ **(vert)** et les sweats ______________ **(rouge)**. Et je préfère les chemises _____________ **(blanc)**, la cravate ____________ **(violet)**. Mais si tu trouves tes vêtements _____________ **(joli)**, tu les mets dans ton sac et on peut partir en vacances.»

Endlich geht es los. Wie jedes Jahr kommt es auf den Autobahnen nach Süden am Ferienbeginn zu einem regelrechten Verkehrschaos. Stundenlang steht Familie Pinot im Stau. Damit es nicht langweilig wird, amüsieren sich Julie und Philippe über die Reisenden in den anderen Fahrzeugen.

9. **Setze jeweils das Nomen und das dazugehörige Adjektiv in die Beschreibung der Figuren ein.**

Qu'est-ce que Philippe voit?

fille / jeune
cheveux / blond
chemisier / original

Il voit *une jeune fille* ____________________
qui a les ____________________
et qui porte ____________________.

Qu'est-ce que Julie voit?

homme / vieux
cheveux / court
chemise / vert

Elle voit un ____________________
qui a ____________________
et qui porte ____________________.

3 Steigerung der Adjektive

Der Spicker zeigt dir, wie die Adjektive gesteigert werden. Wenn es darum geht, dass etwas größer, kleiner oder interessanter ist, steigerst du mit *plus,* wenn etwas weniger amüsant, weniger aufregend oder weniger interessant ist, steigerst du mit *moins.*

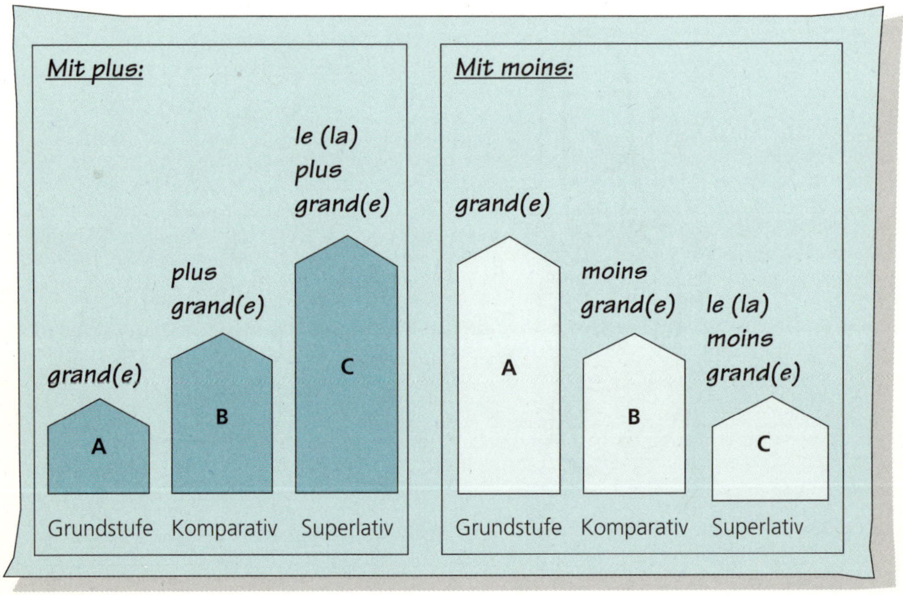

Willst du ein Adjektiv steigern, dann stellst du auf der ersten Steigerungsstufe *plus* oder *moins* vor das Adjektiv. Wir sprechen dann vom Komparativ. Auf der zweiten Steigerungsstufe, dem Superlativ, kommt noch der bestimmte Artikel dazu.

Beispiele:

La maison A est grande.
La maison B est plus grande que A.
La maison C est la plus grande.

L'immeuble A est grand.
L'immeuble B est moins grand que A.
L'immeuble C est le moins grand.

10. Steigere die folgenden Adjektive wie im angegebenen Beispiel.

un livre: intéressant	plus intéressant	le plus intéressant
un garçon: beau	plus	le
une fille: jolie		
des exercices: difficiles		
une idée: folle		
une couleur: agressive		

Tipp

Nun fragst du dich vielleicht, wie du mit dem Komparativ Vergleiche herstellst. Die beiden Beispiele zeigen es dir:

Julie est ***plus*** *petite* ***que*** *Philippe.*	Julie ist **kleiner als** Philippe.
Julie est ***moins*** *grande* ***que*** *Philippe.*	Julie ist **weniger** groß **als** Philippe.
Julie est ***aussi*** *grande* ***que*** *Philippe.*	Julie ist **genauso** groß **wie** Philippe.

Unterwegs vergleichen Mme und M. Pinot Paris mit Clermont-Ferrand.

11. **Setze die angegebenen Adjektive in den Komparativ. Steigere dabei mit *plus* oder *moins.***

a) La ville de Paris est *plus grande que* **(plus – grand)** la ville de Clermont.

b) Les cafés de Paris sont ______________________ **(plus – cher)** les cafés de Clermont.

c) La cathédrale de Clermont est ______________________ **(plus – petit)** la cathédrale Notre-Dame.

d) Les gens d'Auvergne sont ______________________ **(plus – sympathique)** les gens de Paris.

e) Les maisons à la campagne sont ______________________ **(moins – petit)** les maisons dans la capitale.

f) Les vacances à la maison sont ______________________ **(moins – amusant)** les vacances en Auvergne.

g) La vie en Auvergne est ______________________ **(moins – cher)** la vie à Paris.

Bevor wir den Superlativ üben, müssen wir uns noch überlegen, wo das Adjektiv im Superlativ stehen muss. Schau auf den Spicker:

- **Adjektive, die normalerweise hinter dem Nomen stehen, stehen auch beim Superlativ dahinter:**

  la fille la plus intelligente de la classe

- **Adjektive, die normalerweise vor dem Adjektiv stehen, stehen auch beim Superlativ davor:**

  la plus belle fille de la classe

Vom ersten Campingplatz, auf dem Familie Pinot ihr Zelt aufstellt, ist Philippe begeistert. Der Platz liegt direkt am Lac Chambon, wo alle Freizeitmöglichkeiten gegeben sind.

12. Setze die Superlative ein – und beachte dabei, dass sich auch beim Steigern die Adjektivformen in Genus und Numerus immer nach dem dazugehörigen Nomen richten.

Philippe est très content de sa région de vacances et dit:

a) Le lac Chambon est ________________________ **(le lac – beau)** d'Auvergne.

b) Le Puy de Sancy est ________________________ **(la montagne – haut)** de la région.

c) Au restaurant du terrain de camping, on mange ________________________ **(les poissons – grand)** de la France.

d) Et nos voisins allemands de Bonn ont ________________________ **(la fille – joli)** du monde.

e) Son nom est Silvia, c'est ________________________ **(le nom – beau)** de tous les noms de jeune fille. Et vive les vacances dans la plus belle région de la France!

Das Adjektiv *bon* hat besondere Steigerungsformen. Schau auf den Spicker.

Bon lässt sich wie jedes Adjektiv steigern, allerdings <u>ohne plus</u>:

bon	meilleur(e)	le (la) meilleur(e)
gut	besser	der / die Beste

Beispiele: *une **bonne** équipe de foot*
*une **meilleure** équipe de foot*
***la meilleure** équipe de foot du collège*

Ihren ersten ruhigen Ferientag verbringt Familie Pinot mit Schwimmen, Radfahren und Faulenzen.

13. Setze *bon* in den angegebenen Formen ein.

M. Pinot: «Alors, les enfants, qu'est-ce qu'on mange ce soir?»

Mme Pinot: «Je propose de manger des ____________________ **(Grundstufe)** sandwichs au jambon, de la salade et de boire du jus de fruits.»

Julie: «Oh, maman, j'ai une ____________________ **(Komparativ)** idée. Au restaurant, il y a les ____________________ **(Superlativ)** repas d'Auvergne.»

Mme Pinot: «Et qu'est-ce que je fais avec mon ____________________ **(Grundstufe)** jambon?»

Philippe: «On va le manger demain matin.»

Mme Pinot: «Est-ce qu'il y a aussi une ____________________ **(Grundstufe)** salade de fruits? Vous savez, je n'aime pas trop les poissons, même si* ce sont ____________________ **(Superlativ)** poissons de France.»

Julie: «La fille de la boulangère raconte que ce restaurant prépare les ____________________ **(Superlativ)** desserts de la région!»

M. Pinot: «Chérie, on va manger au restaurant, et demain, on va faire un ____________________ **(Grundstufe)** pique-nique avec les ____________________ **(Superlativ)** sandwichs de la ____________________ **(Superlativ)** mère du monde!»

* *même si* = selbst wenn

Du siehst, dass die Adjektive gut in den Griff zu bekommen sind, wenn du die Formen kennst und weißt, wie du sie verändern musst. Teste zum Schluss, wie sicher du die Formen beherrschst – jetzt brauchst du bestimmt keine Spicker mehr!

Familie Pinot sitzt abends bei Kerzenschein am Seeufer und jeder erklärt, was er in den nächsten drei Wochen gerne unternehmen würde. Jeder darf zwei Wünsche auf einen Zettel schreiben, die sich erfüllen sollen.

14. Verbinde die einzelnen Satzteile und achte dabei auf die richtigen Adjektivformen. Beginne mit «*Je voudrais bien ...*»

Philippe:
- faire des promenades **(long)** en vélo et
- sortir le soir avec la fille **(joli)** qui s'appelle Silvia

Julie:
- apprendre à faire du surf et
- faire la connaissance du pays **(beau)** de Vercingétorix et de César

M. Pinot:
- faire du kajak dans le Cantal **(beau)**
- visiter la maison **(nouveau)** du fromage à Egliseneuve d'Entraigues

Mme Pinot:
- visiter le moulin **(magnifique)** «Richard-de-Bas» à Ambert et
- rendre une visite **(long)** à mon amie Florence à Issoire

Julie: ______________________________

____

____

Philippe: ______________________________

____

Mme Pinot: ______________________________

____

____

M. Pinot: ______________________________

____

____

B Das Passé composé

Das *Passé composé* ist die erste Vergangenheit, die du kennen lernst. Im Deutschen entspricht sie dem Perfekt: ich habe gespielt, du bist gelaufen, wir sind gegangen.
Auch im Französischen ist diese Vergangenheit eine zusammengesetzte Zeit, daher der Name *Passé* (= Vergangenheit) *composé* (= zusammengesetzt). Wie im Deutschen können wir das *Passé composé* mit dem Hilfsverb *avoir* (haben) oder *être* (sein) zusammensetzen. Meistens – aber leider nicht immer – stimmen die Hilfsverben in den beiden Sprachen überein. Damit du möglichst schnell im *Passé composé* fit bist, üben wir jetzt Schritt für Schritt – dann kann nichts schief gehen.

1 Die Bildung der Vergangenheitsform

Das *Participe passé* der regelmäßigen Verben auf *-er*

Wir beginnen mit dem so genannten *Participe passé*. Die Beispiele auf dem Spicker zeigen dir, wie du sie bildest:

Die Bildung des Participe passé der Verben auf -er

spielen → gespielt
laufen → gelaufen
singen → gesungen

jouer → jou- → joué
aller → all- → allé
chanter → chant- → chanté

Tipp

Im Deutschen ist die Vorsilbe ge- bei den meisten Verben das Erkennungszeichen für das Partizip Perfekt.
Die Beispiele zeigen dir, wie du im Französischen vorgehst: Bei den regelmäßigen Verben streichst du vom Infinitiv die Endung *-er* einfach weg und hängst *-é* an. Fertig.

Probiere diese Technik gleich aus.

1. **Setze die fehlenden deutschen und französischen Partizip-Formen in die Tabelle ein.**

a)	arbeiten	*gearbeitet*	travailler	*travaillé*
b)	feiern	______	fêter	______
c)	bewundern	______	adorer	______
d)	untersuchen	______	examiner	______
e)	sprechen	______	parler	______
f)	reparieren	______	réparer	______
g)	schreien	______	crier	______
h)	verbessern	______	corriger	______

Du siehst, bei den Verben auf *-er* funktioniert das ganz einfach.

Tipp

Bei einem Diktat musst du gut aufpassen, denn in der Aussprache gibt es zwischen *aller* und *allé* keinen Unterschied. Fehler kannst du vermeiden, indem du das Gehörte still für dich übersetzt – dann weißt du automatisch, ob von „laufen" oder „gelaufen" die Rede ist.

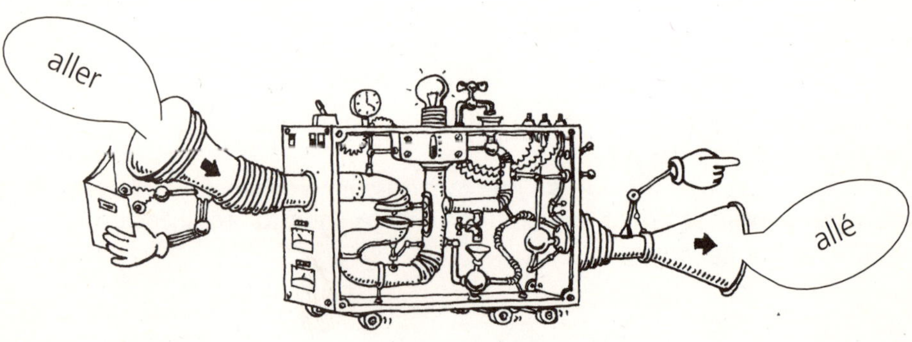

Das *Participe passé* der Verben auf *-re*

Der „Bildungsmechanismus" des *Participe passé* ist wieder derselbe. Du nimmst den Infinitiv, z. B. *attendre,* streichst am Ende die Endung *-re* weg und hängst nun *-u* an:

> **Die Bildung des Participe passé der Verben auf -re**
>
> attendre → attend- → attend<u>u</u>

Dieses Bildungsprinzip kannst du in der folgenden Übung gleich trainieren.

2. **Setze – wie in Übung 1 – die fehlenden Formen in die Tabelle ein.**

a)	antworten	*geantwortet*	répondre	*répondu*
b)	verlieren	____________	perdre	____________
c)	zurückgeben	____________	rendre	____________
d)	verkaufen	____________	vendre	____________
e)	aussteigen	____________	descendre	____________
f)	warten	____________	attendre	____________
g)	hören	____________	entendre	____________

Bei den Verben auf *-(d)re* musst du etwas vorsichtig sein: Es gibt etliche Sonderformen, die du auf Seite 32 und 33 in den Listen findest.

Das *Participe passé* der Verben auf *-ir*

Bei den Verben auf -ir, von denen du ja auch schon einige kennen gelernt hast – und im nächsten Kapitel noch kennen lernen wirst – gehst du gleichermaßen vor.

Die Bildung des Participe passé der Verben auf -ir

dormir → dorm- → dormi

Die Verben auf -ir bilden das Passé composé auf -i – vergiss das nie!

In der folgenden „Mini-Übung" kannst du diesen Mechanismus anwenden.

3. **Setze die fehlenden Formen ein – auch wenn du manche Verben auf *-ir* vielleicht noch nicht kennst. Das Beispiel zeigt dir, wie es geht.**

a)	schlafen	*geschlafen*	dormir	*dormi*
b)	weggehen	______	partir	______
c)	lügen	______	mentir	______
d)	hinausgehen	______	sortir	______
e)	beenden	______	finir	______
f)	reagieren	______	réagir	______

2 Das *Passé composé* mit *avoir*

Wir beginnen mit dem *Passé composé*, das mit *avoir* (haben) gebildet wird. Das Beispiel auf dem Spicker zeigt dir, dass diese Vergangenheit im Deutschen und im Französischen nach dem gleichen „Strickmuster" gebildet wird.

Das Passé composé mit avoir

	singen		chanter
ich	habe gesungen	j'	ai chanté
du	hast gesungen	tu	as chanté
er, sie, es	hat gesungen	il, elle	a chanté
wir	haben gesungen	nous	avons chanté
ihr	habt gesungen	vous	avez chanté
sie	haben gesungen	ils, elles	ont chanté

Beide Male bildest du:

Hilfsverb „haben"	+	Partizip Perfekt
avoir im Präsens		*Participe passé*

Fertig ist das *Passé composé!*

4. Konjugiere die Verben *rendre* und *comprendre* in allen Formen des *Passé composé*.

rendre	comprendre
______	______
______	______
______	______
______	______
______	______
______	______

Je mehr du übst, desto leichter fällt dir das *Passé composé.* Deshalb gleich noch eine Übung.

5. **Im Schlaf träumen Pinots allerlei Verrücktes. Verbinde die Personalpronomen aus der kleinen Wolke mit den Satzteilen in der großen. Beginne bei a) mit *Je …* und mache mit den übrigen Pronomen und Sätzen weiter. Vorsicht: hier sind alle „Verbtypen" bunt gemischt!**

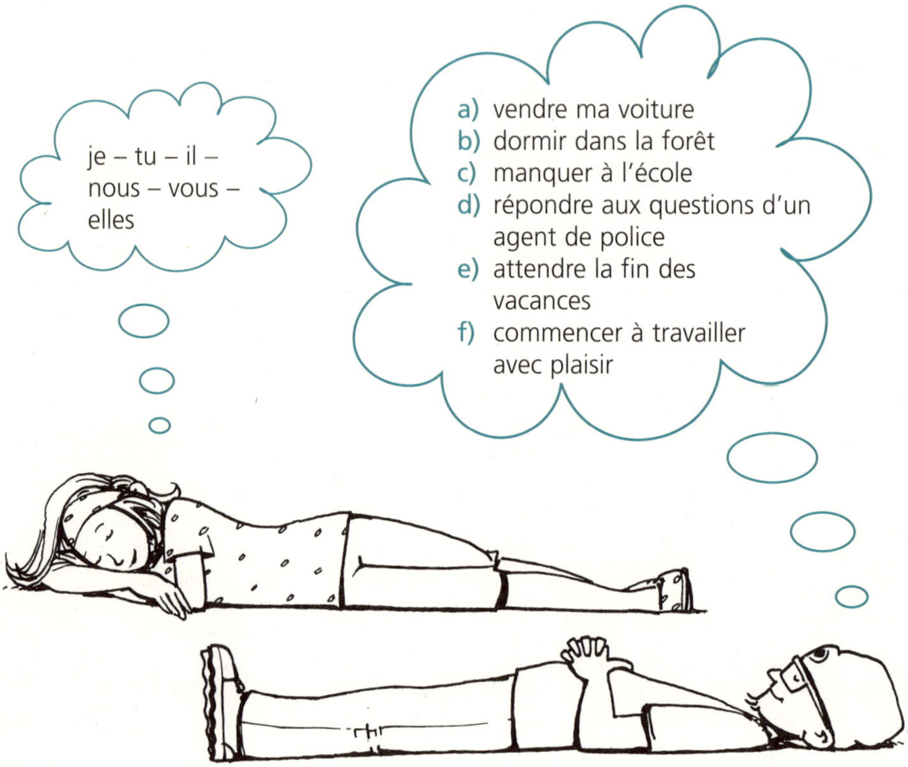

a) ____

b) ____

c) ____

d) ____

e) ____

f) ____

6. Setze die in Klammern angegebenen Infinitive ins *Passé composé.*

A la fin de la première semaine de vacances, les enfants de la famille Pinot racontent:

Philippe: «J(e) __________________ **(inviter)** Silvia à faire du vélo avec moi. Elle est super. Elle __________________ **(téléphoner)** au magasin de sport de Clermont et ils __________________ **(apporter)** un vélo. Elle avait loué* ce vélo pour deux semaines!»

Julie: «J(e) __________________ **(commencer)** à apprendre le surf. Le prof du club __________________ **(travailler)** sérieusement* avec moi, mais je trouve que ce n'est pas facile. Jean-Marie, mon nouveau copain, __________________ **(proposer)** d'acheter un livre sur le surf et d'apprendre comment jouer avec le vent, mais j(e) __________________ **(préférer)** acheter des glaces et des sucettes avec mon argent de poche*.»

* *elle avait loué* = sie hatte gemietet
sérieusement = ernsthaft
argent (m.) de poche = Taschengeld

Ein kurzer Blick auf den folgenden Spicker wird dir genügen, um zu sehen, wie das *Passé composé* zusammen mit der Verneinung funktioniert. Du weißt, dass *ne* und das zweite Verneinungswort (z. B. *pas*) die konjugierte Verbform einrahmen. Auch hier ist das so – also nichts Neues!

Die Verneinung beim *Passé composé*

Die Verneinung steht vor und nach der konjugierten Verbform; das ist hier die Form des Hilfsverbs *avoir* oder *être*, die in den verschiedenen Personen konjugiert wird.

Das Partizip kann zwar verändert werden, wird aber nicht konjugiert – es „fällt" daher aus der Verneinung heraus. Beispiel: Nous avons regardé le match. → Nous n'avons pas regardé le match.

7. Verneine die Sätze mit den in Klammern angegebenen Verneinungswörtern. Denk daran, dass aus einem unbestimmten Artikel im bejahten Satz ein de bei der Verneinung wird (außer bei *être* und *aimer / préférer*).

a) Mon frère a invité les 23 copains du camping. **(ne … plus)**

____

b) Silvia et moi, on a acheté des bouteilles de coca et d'orangina. **(ne … plus)**

____

c) Les parents de Silvia ont accepté de boire de l'alcool. **(ne … pas)**

____

d) Et les copains ont détesté le jus d'orange et la limonade. **(ne … pas)**

____

e) Les garçons ont dansé toute la nuit. **(ne … pas)**

___

f) Et à 3 heures du matin, Thierry a joué de la guitare classique. **(ne … plus)**

___

3 Das *Passé composé* mit *être*

Das *Passé composé* kann natürlich auch mit *être* (sein) verbunden werden. Wenn du erklärst: *Philippe* ***est parti*** (ist … losgefahren) *en vélo à 8 heures 30 et il* ***est arrivé*** (ist … angekommen) *au Puy de Dôme à 11 heures* – so funktioniert das *Passé composé* mit *être* grundsätzlich genauso wie das mit *avoir.*

Das *Passé composé* mit *être*

Du konjugierst *être* im Präsens (wie im Deutschen „sein") und setzt die *Participe-passé*-Form des Verbs dazu.
Zusätzlich musst du die *Participe*-Form wie ein Adjektiv immer an das Subjekt angleichen. Die Beispiele zeigen es dir:

Philippe est parti en vélo.
Julie est partie en vélo.
Philippe et Silvia sont partis en vélo.
Silvia et Julie sont parties en vélo.

In der folgenden Übung kannst du das *Passé composé* mit *être* gleich ausprobieren.

8. Setze das Verb *monter* ins *Passé composé* und gleiche jeweils Subjekt und *Participe-passé*-Form einander an.

a) Je …
b) Tu …
c) M. Pinot …
d) Julie …
e) Les familles …
f) Nous …(= les filles)
g) Vous …(= les garçons)
h) Les pères …
i) Mme Pinot et la mère de Silvia …

a) ______________________________

b) ______________________________

c) ______________________________

d) ______________________________

e) ______________________________

f) ______________________________

g) ______________________________

h) ______________________________

i) ______________________________

Wenn dir dieses Veränderungsprinzip – das du ja bereits von den Adjektiven kennst – klar ist, kannst du dich gleich auf die nächste Übung stürzen.

9. **Setze die in Klammern angegebenen Infinitive ins *Passé composé*.**

Le week-end, les Pinot ont rendu visite à leurs amis, la famille Roche.

a) Les familles ______________________ **(aller)** au restaurant pour le dîner.

b) A 20 heures, elles ______________________ **(arriver)** au «Coq chantant*».

c) Julie ______________________ **(entrer)** la première dans le vieux restaurant.

d) M. Pinot ______________________ **(rester)** dehors* avec M. Roche pour discuter d'un problème politique.

e) Philippe ______________________ **(tomber)** de sa chaise parce que, tout

à coup, Silvia ______________________ **(arriver)** à sa table.

f) Tout le monde ______________________ **(rire).**

g) Pauvre Philippe! La vie n'est pas facile quand on ______________________ **(tomber)** amoureux!

* *le coq chantant* = der krähende Hahn
dehors = draußen

Hast du es gemerkt? Nur in Satz f) wird das *Passé composé* mit *avoir* verbunden. Und das Partizip bei *avoir* bleibt immer unverändert, es sei denn … – doch das erfährst im nächsten Kapitel.
Und nun eine letzte Frage, die du dir wahrscheinlich schon gestellt hast: Woher weißt du, mit welchem Hilfsverb das *Passé composé* gebildet wird?

Tipp

Meistens stimmen die Hilfsverben im Deutschen und im Französischen überein – aber eben nicht immer. Dein Wörterverzeichnis und dein Grammatikheft geben an, mit welchem Hilfsverb ein Verb im *Passé composé* verbunden wird. Lerne das Hilfsverb am besten von Anfang an dazu.

Damit du es bei den unregelmäßigen Verben leichter hast, geben wir dir hier zwei kleine Listen mit den wichtigsten *Passé-composé*-Formen. Dann kannst du immer wieder nachschauen, wenn du dir nicht sicher bist.

Liste 1

Infinitiv		***Passé composé***	
avoir	haben	*j'ai eu*	ich habe gehabt
comprendre	verstehen	*j'ai compris*	ich habe verstanden
courir	laufen	*j'**ai** couru*	ich **bin** gelaufen
dormir	schlafen	*j'ai dormi*	ich habe geschlafen
être	sein	*j'**ai** été*	ich **bin** gewesen
faire	machen	*j'ai fait*	ich habe gemacht
finir	beenden	*j'ai fini*	ich habe beendet
mentir	lügen	*j'ai menti*	ich habe gelogen
partir	weggehen	*je suis parti(e)*	ich bin weggegangen
pouvoir	können	*j'ai pu*	ich habe gekonnt
répondre	antworten	*j'ai répondu*	ich habe geantwortet
tenir	halten	*j'ai tenu*	ich habe gehalten
venir	kommen	*je suis venu(e)*	ich bin gekommen
voir	sehen	*j'ai vu*	ich habe gesehen
vouloir	wollen	*j'ai voulu*	ich habe gewollt

Die meisten Verben von Liste 1 kennst du sicher schon. Liste 2 ist für alle, die schon ein paar Verben mehr gelernt haben – und / oder im Laufe der Zeit ihre Verbformen ergänzen wollen. Die Verben, die du noch nicht kennst, lässt du beim Üben einfach weg.

Liste 2

Infinitiv		*Passé composé*	
boire	trinken	*j'ai bu*	ich habe getrunken
choisir	(aus)wählen	*j'ai choisi*	ich habe (aus)gewählt
conduire	fahren	*j'ai conduit*	ich bin gefahren
connaître	kennen	*j'ai connu*	ich habe gekannt
construire	bauen	*j'ai construit*	ich habe gebaut
croire	glauben	*j'ai cru*	ich habe geglaubt
devoir	müssen	*j'ai dû*	ich habe müssen
dire	sagen	*j'ai dit*	ich habe gesagt
écrire	schreiben	*j'ai écrit*	ich habe geschrieben
lire	lesen	*j'ai lu*	ich habe gelesen
mettre	setzen, stellen, legen	*j'ai mis*	ich habe gesetzt, …
ouvrir	öffnen	*j'ai ouvert*	ich habe geöffnet
plaire	gefallen	*j'ai plu*	ich habe gefallen
prendre	nehmen	*j'ai pris*	ich habe genommen
réagir	reagieren	*j'ai réagi*	ich habe reagiert
recevoir	bekommen	*j'ai reçu*	ich habe bekommen
réfléchir	überlegen	*j'ai réfléchi*	ich habe überlegt
réussir	gelingen	*j'**ai** réussi*	es **ist** mir gelungen
rire	lachen	*j'ai ri*	ich habe gelacht
savoir	wissen	*j'ai su*	ich habe gewusst
vivre	leben	*j'ai vécu*	ich habe gelebt

Familie Roche ist mit ihren beiden Töchtern Anne und Jacqueline zum Treffen gekommen. Nach dem Abendessen machen die jungen Leute einen Spaziergang durch das alte Clermont-Ferrand. Nach ihrer Rückkehr erzählen sie.

10. **Verbinde die Satzteile und setze das Verb jeweils ins *Passé composé*.**

a) Tout d'abord, nous …		… un tour dans les vieux quartiers.
b) Julie …	faire	… des photos d'un vieil hôtel.
c) Ensemble, nous …	prendre	… la vieille cathédrale.
d) Dans les rues, nous …	visiter	… beaucoup d'étudiants de l'université.
e) Puis, les filles …	rencontrer	… un beau café.
f) Moi, j(e) …	trouver	… une glace à la vanille.
g) Alors, mes copines …	prendre	… au restaurant.
h) Moi aussi, j(e) …	partir et revenir	… le café.
i) Devant la porte du restaurant, j(e) …	quitter	… une vieille dame bien aimable qui a raconté …
	rencontrer	

a) ______________________________

b) ______________________________

c) ______________________________

d) ______________________________

e) ______________________________

f) ______________________________

g) ______________________________

h) ______________________________

i) ______________________________

Und gleich noch eine Runde *Passé-composé*-Training. Die alte Dame berichtet aufgeregt, dass sie einen Zusammenstoß mit einem Fahrradfahrer hatte.

11. **Setze die in Klammern angegebenen Verben ins *Passé composé*.**

a) Ce soir-là à 19 heures, j(e) ____________________ **(décider)** de rendre visite à mon amie Virginie de la Phare.

b) J(e) ____________________ **(téléphoner)** à Virginie et puis, je ____________________ **(partir).**

c) J(e) ____________________ **(quitter)** la maison à 19 heures 30.

d) J(e) ____________________ **(arriver)** devant la cathédrale et j(e) ____________________ **(voir)** mon amie.

e) Nous deux, nous ____________________ **(faire)** une belle promenade en ville, mais, tout à coup, un jeune homme ____________________ **(arriver)** sur son vélo sans lumière*.

f) J(e) _________________________ **(ne pas voir)** ce jeune homme avec ses vêtements noirs.

g) J(e) _________________________ **(ne pas réagir)**, il ____________________ **(bousculer)** mon amie et puis moi, et nous ____________________ **(tomber)** tous les trois.

h) Le jeune homme ____________________ **(partir)** sans dire un mot.

i) Un peu plus tard, j(e) ____________________ **(vouloir)** prendre mon porte-monnaie pour me payer un taxi, mais …!

j) Je ___________________________ **(ne plus avoir)** de porte-monnaie. Le jeune homme ___________________________ **(voler)** mon argent!

* *la lumière* = Licht

Wie du siehst, ist das *Passé composé* gar nicht so schwer zu durchschauen. Fassen wir noch einmal kurz zusammen, was du bisher darüber weißt:

- Bei der Bildung des *Passé Composé* konjugierst du zuerst *avoir* oder *être* im Präsens.
- Dann setzt du das *Participe passé* dazu.
- Beim *Passé composé* mit *avoir* ist das *Participe* immer unverändert.
- Bei *être* wird das *Participe* entsprechend dem Subjekt in Genus und Numerus verändert (wie bei den Adjektiven).

4 Die Veränderung des *Participe passé* beim *Passé composé* mit *avoir*

Obwohl wir bisher immer gesagt haben, dass das *Participe passé* beim *Passé composé* mit *avoir* nicht verändert wird, gibt es eine wichtige Ausnahme. Unser Spicker zeigt sie dir.

Die Veränderung des *Participe passé*

Beispiel: rencontrer qn (qn = direktes Objekt)

Nous avons rencontré les filles Pinot. → Nous les avons rencontrées.
Das direkte Objekt *les* steht vor dem *Passé composé*.

Les filles Pinot que nous avons rencontrées sont charmantes.
Hier ist *que* das direkte Objekt, das vor dem *Passé composé* steht.

Du kannst sehen, dass das *Participe passé* immer verändert werden muss, wenn ein direktes Objekt vorausgeht. Die Veränderung richtet sich dann aber nicht wie bei *être* nach dem Subjekt, sondern nach dem vorausgehenden Objekt.

Objekt	Veränderung
le	keine
la	-e
les (männl.)	-s
les (weibl.)	-es

Im Satz *Ce sont* ***les filles que*** *nous avons rencontré****es*** ist *que* das direkte Objekt, weil es sich auf *les filles* bezieht. Daher muss an das *Participe* ***-es*** angehängt werden.

Damit du keinen „Schiffbruch" mit den direkten Objektpronomen und dem Relativpronomen *que* (das einen Nebensatz einleitet) erleidest, üben wir beides getrennt.

12. Ersetze in der Antwort das direkte Objekt durch das passende Objektpronomen und verändere das Partizip entsprechend.

Beispiel: *Tu as passé la journée à Clermont? – Oui, je l'ai passée à Clermont.*

a) Tu as préparé ton excursion à Clermont?

Oui, ____

b) Est-ce que tu as rencontré Astérix et Obélix?

Non, ____

c) Ils ont attendu leurs amies charmantes?

Oui, ____

d) Est-ce que Astérix a raconté ses histoires amusantes?

Non, ____

e) Est-ce que vous avez mangé vos baguettes à midi?

Oui, ____

Alles klar? Dann üben wir nun die Veränderlichkeit des *Participe passé* nach dem Relativpronomen *que*, das als direktes Objekt im Satz steht.

13. Ergänze die Sätze mit dem Partizip des in Klammern angegebenen Verbs. Achte darauf, ob und wie du das Partizip verändern musst.

Silvia berichtet von ihren Verständigungsschwierigkeiten am Anfang der Ferien.

Elle parle

a) des problèmes qu'elle a ________________ **(avoir)**,

b) des gens qu'elle n'a pas ________________ **(connaître)**,

c) des informations qu'elle n'a pas ________________ **(avoir)**,

d) des questions qu'elle a ________________ **(poser)**,

e) des réponses qu'elle n'a pas ________________ **(comprendre)** et des chaussures bleues qu'elle a ________________ **(acheter)**, parce qu'elle ne connaît pas encore le mot en français pour «Turnschuhe».

Und nun wagen wir uns an Übungen heran, in denen alle Besonderheiten des *Passé composé* vermischt vorkommen. Wenn du dir nicht ganz sicher bist, wie du arbeiten musst, siehst du am besten auf den Spickern nach.

Familie Pinot und Familie Roche sehen sich im Kino einen Film über die Eroberung Galliens durch Julius Cäsar an und erfahren einige Neuigkeiten.

14. Setze die angegebenen Verben ins *Présent* (= Prés.) oder *Passé composé* (= P. c.).

Un jour, en 52 avant Jésus-Christ, l'armée des Romains avec Jules César ______________________ **(attaquer, P. c.)** les Gaulois à Gergovie. Gergovie ______________________ **(être, Prés.)** à 6 kilomètres de Clermont et là, aujourd'hui, on ______________________ **(pouvoir, Prés.)** faire des belles promenades à pied. Les Gaulois ______________________ **(gagner, P. c.)** contre les Romains et les Romains ______________________ **(partir, P. c.)** tout de suite. Alors, les Gaulois ______________________ **(retourner, P. c.)** à Alésia, dans leur grande forteresse. Mais César ______________________ **(revenir, P. c.)**, un peu plus tard, avec une grande armée et il ______________________ **(rester, P. c.)** des semaines devant les portes de la ville. Ainsi*, les Gaulois ____________________________ **(ne pas pouvoir, P. c.)** quitter la ville et ils ______________________ **(avoir, P. c.)** faim. Après quelques semaines, les Romains ______________________ **(prendre, P. c.)** la ville et les Gaulois ______________________ **(perdre, P. c.)** leur liberté. Le chef des Gaulois, Vercingétorix, ______________________ **(perdre, P. c.)** la vie. Aujourd'hui, on ______________________ **(ne plus savoir, Prés.)** où se trouve* Alésia.

* *ainsi* = so
se trouve = sich befindet

15. Setze die angegebenen Verben ins *Présent* (= Prés.), *Passé composé* (= P. c.) oder *Futur composé* (Fut. c.).

Après le film, les dames font des commentaires.

Mme Roche: «J(e) ________________________ **(aimer, P. c.)** beaucoup les images qu'ils ________________________ **(montrer, P. c.)** du paysage* de l'Auvergne. Je ________________________ **(trouver, Prés.)** que ce film ________________________ **(donner, Prés.)** une bonne idée de la vieille histoire de César et de Vercingétorix.»

Mme Pinot: «Et, ma chère, l'histoire que le film ________________________ **(raconter, Prés.)**, ________________________ **(amuser, P. c.)** nos hommes. Ecoute comment ils ________________________ **(discuter, Prés.)**. Demain, nous ________________________ **(faire, Fut. c.)** une excursion à Gergovie et nos hommes ________________________ **(jouer, Fut. c.)** aux soldats.»

* *le paysage* = Landschaft

C Unregelmäßige Verben

1 Die Verben auf *-ir*

Die Verben auf *-ir* kann man in verschiedene Gruppen einteilen. Die erste, mit der wir uns beschäftigen, ist die Gruppe der Verben mit *venir, tenir* und deren Zusammensetzungen, wie z. B. *revenir* (zurückkommen) oder *devenir* (werden).

Der Spicker zeigt dir die Formen von *venir* und *tenir* im Präsens:

venir – kommen	
je	viens
tu	viens
il	vient
nous	venons
vous	venez
ils	viennent

tenir – halten	
je	tiens
tu	tiens
il	tient
nous	tenons
vous	tenez
ils	tiennent

Vorsicht: Nur der Stamm der 1. und 2. Person Plural sieht aus wie der Infinitiv!

Die Imperative lauten: Viens! Venons! Venez! – Tiens! Tenons! Tenez!

Das *Passé composé* kennst du ja schon aus dem letzten Kapitel: Je suis venu(e). – J'ai tenu.

Übe die Formen gleich ein.

1. **Welche Formen von *venir, revenir* oder *tenir* passen in die Lücken? Verwende die Verben im Präsens.**

a) Chaque soir, les copains ______________________ au camping.

b) Ils disent à leur mère: «Maman, nous nous lavons les mains et nous ______________________ tout de suite à table.

c) M. Pinot dit: «Vous ___________________ pour le dîner, très bien!»

d) Mme Pinot ______________________ déjà les assiettes entre les mains.

e) Les enfants ______________________ à table et rigolent.

f) Ils racontent des histoires et ________________________ leur promesse* de ne pas aller dans les cratères des volcans.

* *la promesse* = das Versprechen

In der zweiten Gruppe der Verben auf *-ir* findest du *dormir, partir, sortir* und *mentir.* Der Spicker zeigt dir zwei Beispiele, nach denen du alle anderen konjugieren kannst:

sortir – hinausgehen	
je	sors
tu	sors
il	sort
nous	sortons
vous	sortez
ils	sortent

dormir – schlafen	
je	dors
tu	dors
il	dort
nous	dormons
vous	dormez
ils	dorment

Die Imperative lauten: Sors! Sortons! Sortez! – Dors! Dormons! Dormez!

Das *Passé composé* kennst du ebenfalls aus dem letzten Kapitel: Je suis sorti(e). – J'ai dormi.

2. **Verbinde die Satzteile und verwende die angegebenen Verben im Präsens; im letzten Satz musst du das *Futur composé* verwenden.**

Verschiedene Aktivitäten am Abend

a) Le soir, – les filles – sortir – et aller au club d'écriture de l'Auvergne – à Royat.

b) Les garçons – partir – aussi – et aller au cinéma.

c) Après un film intéressant, – ils – ne pas rentrer – tout de suite*.

d) Ils – oublier – l'heure – et revenir – trop tard.

e) Alors, – Philippe – ne pas mentir – et dire: «Excusez-moi!»

f) M. Pinot – répondre: – «Demain, – tu – ne pas sortir. Et maintenant, – tu aller dormir – et Julie – aussi.»

* *tout de suite* = sofort

3. Setze die richtigen Formen in das Kreuzworträtsel ein und stelle fest, welchen Käse es bei Familie Pinot zum Frühstück gibt. Kombiniere dazu die Buchstaben in den blauen Kästchen in der richtigen Reihenfolge.

senkrecht:

① 1. Person Plural von *dormir*

② 1. Person Plural von *partir*

③ 3. Person Plural von *revenir*

④ 1. Person Plural von *tenir*

⑤ 3. Person Plural von *tenir*

waagrecht:

⑥ 3. Person Plural von *comprendre*

⑦ 1. Person Singular von *tenir*

⑧ 2. Person Singular von *dormir*

⑨ 3. Person Singular von *partir*

⑩ 2. Person Plural von *mentir*

Lösungswort: ___ ___ ___ ___ ___ B ___ ___ ___

Die dritte Gruppe der Verben auf *-ir* besteht aus denjenigen, die ebenso konjugiert werden wie *finir*, z. B. *réagir* (reagieren) – *réussir* (gelingen) – *choisir* (wählen) oder *réfléchir* (überlegen). Diese Verben haben im Plural eine so genannte Stammerweiterung mit *-iss-*. Auf dem Spicker siehst du, wie *finir* und *réfléchir* konjugiert werden:

finir – beenden	
je	finis
tu	finis
il	finit
nous	finissons
vous	finissez
ils	finissent

réfléchir – überlegen	
je	réfléchis
tu	réfléchis
il	réfléchit
nous	réfléchissons
vous	réfléchissez
ils	réfléchissent

Die Imperative lauten: Finis! Finissons! Finissez! – Réfléchis! Réfléchissons! Réfléchissez!

Das *Passé composé* kennst du schon: J'ai fini. – J'ai réfléchi!

4. Hier passen die Personalpronomen im äußeren Ring der Scheibe und die Verbformen im Innern nicht zusammen. In welche Richtung musst du die innere Scheibe drehen, damit Personalpronomen und konjugierte Form übereinstimmen? Schreibe die zusammengehörenden Formen in die unten stehende Liste.

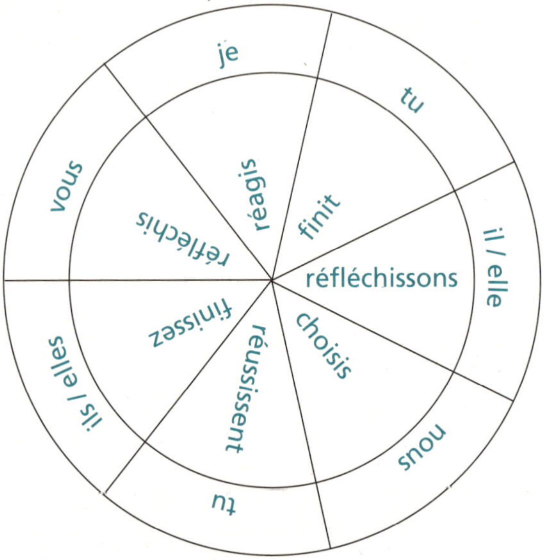

Wenn man die innere Scheibe um _____ Feld(er) nach ___________ dreht, bekommt man folgende Verbformen:

____

____

____

____

____

____

5. Im folgenden Buchstabensalat sind fünf Verbformen versteckt. Finde sie und setze jeweils das passende Personalpronomen davor.

FI	**FLE**	**SIS**	**SONS**
CHOI	**NIS**	**GIS**	**SEZ**
RE	**A**	**CHIS**	**SIT**
RE	**RE**	**US**	**SONS**

____

____

____

Und nun zurück zu angenehmen Freizeitvergnügungen. Wandern oder Rad fahren? Die Geschwister Julie und Philippe streiten sich.

6. **Setze jeweils die richtige Form des Verbs in der angegebenen Zeit ein.**

Julie: «Demain, nous __________________ **(faire, Fut. c.)** une promenade autour du Lac Pavin et nous __________________ **(partir, Fut. c.)** très tôt, à 7 heures.»

Philippe: «Oh non, Julie, je __________________ **(ne pas mentir, Prés.)**: tu __________________ **(proposer, P. c.)** cinq promenades cette semaine! Je suis sûr que tu __________________ **(réfléchir, P. c.)**, mais moi, je __________________ **(dormir, Prés.)** toujours jusqu'à 10 heures et je __________________ **(ne pas partir, Prés.)** avant 11 heures. __________________ **(venir, Impératif)**, Julie, __________________ **(choisir, Impératif)** autre chose. Je __________________ **(préférer, Prés.)** faire du vélo. Et je __________________ **(ne pas aimer,**

Prés.) marcher. Je ____________________ **(trouver, Prés.)** que c'est ennuyeux et bête!»

Mme Pinot: «Alors, on ____________________ **(faire, Fut. c.)** le tour de l'Auvergne en voiture et on ____________________ **(manger, Fut. c.)** les meilleurs fromages de la France.»

2 Weitere wichtige Verben

Wir fangen mit den drei unregelmäßigen Verben *envoyer, boire* und *plaire* an: Die Formen kannst du wieder auf dem Spicker nachsehen und anschließend üben:

envoyer – schicken	
j'	envoie
tu	envoies
il	envoie
nous	envoyons
vous	envoyez
ils	envoient

boire – trinken	
je	bois
tu	bois
il	boit
nous	buvons
vous	buvez
ils	boivent

plaire – gefallen	
je	plais
tu	plais
il	plaît
nous	plaisons
vous	plaisez
ils	plaisent

Die Imperativ-Formen lauten: Envoie! Envoyons! Envoyez! – Bois! Buvons! Buvez! – Plais! Plaisons! Plaisez!

Die Formen im *Passé composé* sind: J'ai envoyé. – J'ai bu. – J'ai plu.

Tipp Bei *envoyer* musst du im Singular und in der 3. Person Plural an das *-i-* denken. Bei *boire* liegt die Besonderheit im Plural.

7. Welche Formen sind in dem Buchstabenkasten versteckt? Markiere sie farbig und schreibe sie zusammen mit ihrem Personalpronomen auf die Zeilen.

A	B	O	I	S	P	E	U	F
P	L	A	I	S	Q	N	V	O
B	C	H	E	B	U	V	E	Z
O	T	A	E	U	R	O	G	H
I	O	J	N	V	S	Y	Z	L
T	E	N	V	O	I	E	N	T
E	K	L	O	N	T	Z	Y	Z
P	L	A	I	S	E	N	T	A
M	N	L	E	N	O	W	D	X

waagrecht:

____

____

____

____

____

senkrecht:

____

____

____

____

8. Verbinde die folgenden Satzteile jeweils durch *boire, envoyer* oder *plaire* im Präsens und / oder im *Passé composé.*

Hier et aujourd'hui

a) Hier, le camembert de Normandie ____________________ **(ne pas plaire, P. c.)** à M. Pinot et à sa femme. Aujourd'hui, le fromage qui s'appelle «St. Nectaire» ____________________ **(plaire, Prés.)** beaucoup aux parents.

b) Julie dit à ses parents: «Aujourd'hui, vous ____________________ **(boire, Prés.)** du vin, maman, papa?» Mme Pinot: «Oui, Julie, c'est ça. Hier, nous ____________________ **(boire, P. c.)** du thé.»

c) Aujourd'hui, les activités sportives __________________ **(plaire, Prés.)** aux enfants, mais pas aux parents. Hier, le concert classique à Orcival __________________ **(plaire, P. c.)** beaucoup mieux aux parents qu'à leurs enfants.

d) Mme Pinot: «Est-ce que vous __________________ **(envoyer, P. c.)** hier des cartes postales à vos grands-parents?» Philippe: «Non, maman, mais j(e) __________________ **(envoyer, Prés.)** une petite lettre, aujourd'hui.»

e) M. Pinot: «Et voilà, un petit cadeau. __________________ **(envoyer, Impératif)** ce cadeau à tante Hélène aujourd'hui, c'est son anniversaire demain.»

f) Mme Pinot: «Oh, très bien. Cette année, nous __________________ **(envoyer, Prés.)** aussi un bon fromage d'Auvergne. L'année dernière, nous __________________ **(envoyer, P. c.)** une mousse au chocolat qui __________________ **(ne pas plaire, P. c.)** à tante Hélène.»

Bevor wir einen Besuch auf dem Volksfest in Issoire machen, wirf schnell noch einen Blick auf den Spicker mit dem Verb *croire:*

croire – glauben

je	crois
tu	crois
il	croit
nous	croyons
vous	croyez
ils	croient

Der Imperativ lautet: Crois! Croyons! Croyez!

Das *Passé composé* lautet: J'ai cru.

9. Setze die Satzteile so zusammen, dass alle Bausteine verwendet werden. Das Verb, um das es sich dreht, ist immer *croire que*.

Auf dem Jahrmarkt in Issoire verkündet ein Wahrsager die Zukunft. Glaubst du ihm? Die jungen Leute diskutieren.

… croire que …

… le monsieur | avoir raison .

… nous | aller gagner un million .

… mes amis | ne pas aller oublier mon anniversaire .

… le monsieur | raconter seulement des histoires .

… je aller | travailler pour l'école | pendant les vacances .

… samedi prochain , tout le monde | aller avoir une surprise .

a) Je ___________ que ____.

b) Tu ____.

c) Il ____.

d) Nous ____.

e) Vous ____.

f) Les gens ____.

Die Verben *devoir* und *recevoir* konjugierst du, wie dir der Spicker zeigt, so:

devoir – müssen, sollen	
je	dois
tu	dois
il	doit
nous	devons
vous	devez
ils	doivent

recevoir – bekommen, erhalten	
je	reçois
tu	reçois
il	reçoit
nous	recevons
vous	recevez
ils	reçoivent

Die Imperative von *recevoir* lauten: Reçois! Recevons! Recevez!

Das *Passé composé* der beiden Verben sieht so aus: J'ai dû. – J'ai reçu.

Damit dir die folgende Übung leichter fällt, schaust du dir vorher die Bedeutungen der beiden Verben an:

devoir faire qc	=	etw. tun müssen
devoir qc à qn	=	jmd. etw. schulden
recevoir qn / qc	=	jmd. / etw. bekommen, erhalten, empfangen

10. **Bilde Sätze und verwende jeweils *devoir* oder *recevoir* im *Präsens* bzw. im *Passé composé,* wenn die Geschichte es erfordert.**

Bei einem Radrennen für sportliche Touristen stößt Thierry, der Sohn der Zeltnachbarn von Pinots, mit einem älteren Herrn zusammen.

a) Je ______ traverser la rue.

b) Les autres devant moi ______ s'arrêter.

c) Vous ______ me croire, j'ai fait attention!

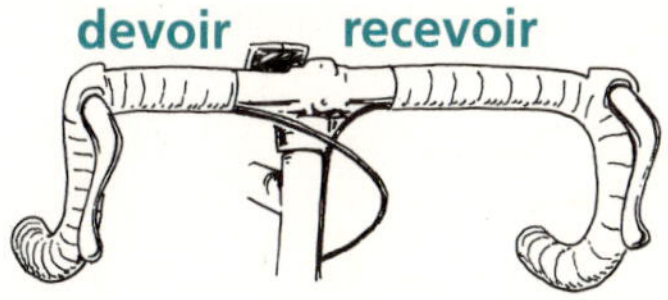

d) J'ai arrêté mon vélo, mais je ______ un grand coup et je suis tombé.

e) Maintenant, nous n'allons pas ______ des cartes d'invitation pour le Tour de France!

f) Docteur: «Ne pleure pas. Maintenant, tu ______ te mettre ici et je vais te faire un beau plâtre.»

a) ______

b) ______

c) ______

d) ______

______

e) ______

______

f) ______

______

Pauvre Thierry, il termine ses vacances avec un pied dans le plâtre!

Und nun der „Härtetest": Je mehr Verbformen du richtig hast, desto mehr Punkte sammelst du für die „Champions League" in der Grammatik!

11. Setze die passenden Verbformen in der angegebenen Zeitstufe ein.

En direct. Les jeunes racontent.

Chaque soir, à 20 heures, Radio «Ted», «Tourisme en direct», ____________________ **(faire, Prés.)** une émission pour les jeunes qui ____________________ **(passer, Prés.)** leurs vacances en Auvergne. Ce sont des jeunes qui ____________________ **(partir, P. c.)** à la découverte de la région et qui ____________________ **(connaître, Prés.)** maintenant un peu mieux les activités intéressantes. Tout le monde ________________ **(pouvoir, Prés.)** téléphoner et raconter ce qu'il ____________________ **(faire, P. c.)** et ce qu'il ____________________ **(penser, Prés.)**.

Aujourd'hui, les enfants des Pinot ____________________ **(téléphoner, Prés.)**.

Leurs parents ____________________ **(écouter, Prés.)**.

12. Setze die passenden Verbformen in der angegebenen Zeitstufe ein.

En direct: Philippe raconte aux auditeurs:

«C'est au mois de janvier que nous ____________________ **(décider, P. c.)** d'aller en Auvergne. Nous ____________________ **(réussir, P. c.)** à trouver beaucoup d'informations sur cette région et mon père ____________________ **(ne pas mentir, P. c.)** quand il ____________________ **(promettre, P. c.)** des vacances actives.

Je ____________________ **(venir, P. c.)** le 3 août et mes vacances ____________________ **(finir, Fut. c.)** le 25. Alors, nous ____________________

(ne plus dormir, Prés.) longtemps le matin parce que nous

___________________ **(choisir, P. c.)** beaucoup d'excursions et beaucoup

d'activités que nous ___________________ **(devoir, Prés.)** faire cette semaine.

Et je ___________________ **(vouloir, Prés.)** absolument faire toutes les

randonnées* en vélo avant la fin des vacances. L'année prochaine, je

___________________ **(revenir, Fut. c.)**, c'est sûr.»

* *la randonnée* = Rundfahrt

13. Setze die passenden Verbformen in der angegebenen Zeitstufe ein.

En direct: Julie.

Julie ___________________ **(réfléchir, P. c.)** pendant tout l'après-midi. Elle

___________________ **(comparer, P. c.)** les vacances de l'année dernière et de

cette année. Et elle ___________________ **(dire, Prés.)**:

«J(e) ___________________ **(commencer, P. c.)** mes vacances par le surf et mon

prof de surf ___________________ **(devoir, Prés.)** beaucoup travailler avec moi

parce que je ___________________ **(trouver, Prés.)** que c'est très difficile. Et

bien, je ___________________ **(connaître, Prés.)** aussi un grand nombre de

belles promenades. Une fois, j(e) ___________________ **(prendre, P. c.)** une

fausse direction et j(e) ___________________ **(demander, P. c.)** mon chemin

aux gens que j(e) ___________________ **(rencontrer, P. c.)**. Ils

m'___________________ **(aider, P. c.)** tout de suite. Les gens de la région

___________________ **(recevoir, Prés.)** 20 sur 20 pour leur gentillesse – ils sont

très sympathiques.»

D Pronomen

1 Die Demonstrativpronomen

Im Deutschen heißen die Demonstrativpronomen „hinweisende Fürwörter"; gemeint sind Wörter wie „dieser", „diese" oder „dieses". Der Spicker gibt dir einen Überblick über die Demonstrativpronomen im Französischen:

ce – cet – cette	im Singular	
ces	im Plural	
un garçon	→ ce garçon	→ ces garçons
un homme	→ cet homme	→ ces hommes
une fille	→ cette fille	→ ces filles

Tipp

Wie bei den Adjektiven *(beau, bel, belle; nouveau, nouvel, nouvelle; vieux, vieil, vieille)* gibt es auch bei den Demonstrativpronomen eine Sonderform vor männlichen Substantiven, die mit Vokal oder stummem *h* beginnen; dann musst du *cet* einsetzen.

Beispiele:
un élève → *cet élève*
un instrument → *cet instrument*
un enfant → *cet enfant*
aber: *une élève* → *cette élève*

Übe gleich mit. Ein nächtliches Picknick am See erfordert gute Vorbereitung. Die Camper wissen genau, was sie alles in den Picknickkoffer packen.

1. **Setze in die leeren Felder vor die Nomen jeweils das passende Demonstrativpronomen.**

_____ fromage
_____ alcool
_____ verres
_____ cocktail
_____ salade
_____ serviettes
_____ saladiers
_____ infusion
_____ pain
_____ fruits

_____ croissants
_____ quiche
_____ mousse au chocolat
_____ instrument de musique

Aber leider gibt es beim Einpacken ein paar Schwierigkeiten: Welche Dinge sollen noch mit?

2 Das Fragewort *quel*

Wie du „welcher", „welche", „welches" im Französischen verwendest, siehst du auf dem Spicker:

> quel – quelle — im Singular
> quels – quelles — im Plural
>
> Quel garçon? – Quelle fille?
> Quels garçons? – Quelles filles?

Probiere das Fragewort *quel* gleich aus:

2. **Setze vor die folgenden Nomen jeweils die richtige Form von *quel*.**

a) ________ verres? ________ sucre? ________ bouteilles?

b) ________ tasses? ________ frites? ________ pain?

c) ________ saladier? ________ sandwichs? ________ instruments?

d) ________ journaux? ________ oranges? ________ légumes?

3. **Frage – Antwort. Setze jeweils die passende Form von *quel* in die Frage von Philippe und das passende Demonstrativpronomen in Silvias Antwort.**

a) Philippe: «________ livre est-ce que tu veux acheter?»

Silvia: «________ livre-là sur les promenades en bateau.»

b) Philippe: «________ cartes postales est-ce que tu choisis?»

Silvia: «________ cartes postales-là, avec les grands volcans.»

c) Philippe: «________ bistro est-ce que tu préfères?»

Silvia: «Je préfère ________ bistro où on mange ________ poissons fantastiques.»

d) Philippe: «________ histoires est-ce que tu me racontes?»

Silvia: «Je te raconte ________ histoires avec les petits monstres qui s'appellent ‹Krümels›.»

e) Philippe: «________ métier est-ce que tu veux faire plus tard?»

Silvia: «Je vais apprendre ________ emploi d'informaticienne qui m'intéresse beaucoup.»

f) Philippe: «________ âge as-tu?»

Silvia: «Mon cher Philippe, on ne pose jamais ________ question à une dame!»

3 Das Indefinitpronomen *tout*

Das Indefinitpronomen *tout* hat verschiedene Bedeutungen. Die Beispiele auf dem Spicker zeigen dir die wichtigsten:

tout – toute	im Singular	
tous – toutes	im Plural	
J'ai travaillé	tout le week-end.	das ganze Wochenende
	toute la semaine.	die ganze Woche
J'ai appelé	tous ses amis.	alle seine Freunde
	toutes mes amies	alle meine Freundinnen

Tipp

Tout richtet sich wie die Adjektive in Genus und Numerus nach dem Nomen, auf das es sich bezieht und steht immer zusammen mit dem bestimmten Artikel oder einem anderen Pronomen.

4. Die folgenden Silbenschlangen ergeben jeweils einen Gegenstand, der mit dem Pronomen *tout* und einem weiteren Begleiter verbunden ist. Findest du die Lösungen?

a) ghet | to | mes | spa | us | ti

____

b) ser | tes | vi | tou | et | tes | tes

____

c) ska | nos | te | to | bo | us | ards

____

d) ve | bien | de | tails | tu | nue | les | us | cock

____

e) cho | la | tou | ta | de | co | blet | lat | te | te

____

Ein fürchterlicher Sturm wirbelt auf dem Campingplatz alles durcheinander. Jeder vermisst und sucht etwas anderes.

5. Setze die passenden Formen von *tout* ein.

a) Julie: «Je cherche __________ mes cassettes, __________ les BD d'Astérix que j'ai posées sur la table et __________ mes cahiers.»

b) Silvia: «J'ai déjà trouvé __________ les bananes que papa a achetées et __________ les cerises – mais elles ne sont plus bonnes!»

c) M. Pinot: «Voilà, ma chérie, j'ai déjà rangé* __________ les assiettes, __________ les verres, __________ les sandwichs de cet après-midi et __________ tes papiers que j'ai trouvés.»

d) Mme Pinot: «Et moi, j'ai nettoyé* __________ la tente, __________ la voiture, __________ nos sacs à dos et __________ les chaussures.»

* *j'ai rangé* = ich habe aufgeräumt
j'ai nettoyé = ich habe sauber gemacht

Eh bien, deux heures plus tard, le silence est revenu sur le terrain de camping.

4 Die indirekten Objektpronomen *lui* und *leur*

Du kennst bereits den Unterschied zwischen direktem und indirektem Objekt:

Julie donne qc à qn.

direktes Objekt — indirektes Objekt

Die direkten Objektpronomen in der 3. Person lauten *le – la – les.*

Julie donne **la** banane / **le** légume / **les** pommes à Silvia.

Julie **la** / **le** / **les** donne à Silvia

Die indirekten Objektpronomen vertreten die indirekten Objekte:

Die indirekten Objektpronomen in der 3. Person:

lui im Singular
leur im Plural

Julie lui donne les livres. → lui = à Phil / à Silvia
Julie leur donne les livres. → leur = à maman et papa

Tipp Du musst hier also nicht nach männlicher oder weiblicher Form unterscheiden. Im Singular heißt das Pronomen immer *lui,* im Plural immer *leur.*

6. Setze in die Lücken die indirekten Objektpronomen, die zu den Objekten in den Klammern passen.

Die Jugendlichen machen sich auf zu einem nächtlichen Open-Air-Konzert in La Chaise-Dieu.

a) M. Pinot ________ donne les billets. **(à Philippe)**

b) Mme Pinot ________ donne des pulls chauds. **(aux enfants)**

c) M. Roche ________ dit: «Amusez-vous bien.» **(aux jeunes)**

d) Les parents ________ proposent d'acheter un CD du concert. **(à Julie)**

e) Les jeunes ________ disent «merci» et partent. **(aux parents)**

Wenn du dir die Sätze von Übung 6 ansiehst, kannst du erkennen, an welcher Stelle im Satz die Pronomen stehen. Der Spicker fasst das zusammen:

Die Stellung der indirekten Objektpronomen:

- Wie die direkten stehen auch die indirekten Objektpronomen vor der konjugierten Verbform.
- Bei mehreren Verben im Satz stehen die Objektpronomen vor dem Verb, zu dem sie sinngemäß gehören.

7. Ersetze die schräg gedruckten indirekten Objekte durch passende indirekte Objektpronomen.

Au concert des «Godasses»*, il y a à peu près 5000 auditeurs. Dans le groupe des jeunes, on entend différents commentaires*:

a) Thierry: «Attendez, je vais dire bonjour *aux parents de ma copine*.»

«Attendez, ______________________________

____

b) Un garçon demande pardon *à Thierry*: «Oh, pardon, mon cher.»

____

____

c) Céline promet *à son grand frère* de ne pas partir seule.

____

____

d) Le monsieur au micro, qui salue tout le monde, donne tout de suite la parole *à la belle chanteuse Micky et à ses copains.*

____

____

e) Les chansons des «Godasses» plaisent beaucoup *aux jeunes.*

____

____

* *«Les Godasses»* = die «Alten Latschen»
le commentaire = der Kommentar

8. **Schreibe in die Lücken die passenden Objektpronomen der direkten und indirekten Objekte, die du im Satz davor jeweils schräg gedruckt findest. Achte darauf, ob du das Partizip verändern musst.**

De retour au camping

a) Julie: «L'homme au micro a présenté ‹*Les Godasses*›.»

b) Philippe: «Oui, il ________ a présenté___ et puis, les chanteurs ont commencé *le concert*.»

c) Céline: «Ils ________ ont commencé___, mais les gens ont crié et on n'a pas entendu *la musique*.»

d) Julie: «Si. On _______ a entendu___, mais pas bien. J'ai dit quelque chose *aux copains* et ...»

e) Mme Pinot: «Tu _______ as dit___ quelque chose et ils n'ont rien compris.»

f) Julie: «Oui. Mais le concert a quand même* beaucoup plu

à mon frère. Il _______ a plu___ et à la fin, nous avons acheté *tous les disques des ‹Godasses›*.»

g) M. Pinot: «Vous _______ avez acheté___ et je peux dire que la musique me plaît aussi.»

* *quand même* = trotzdem

5 Die unverbundenen Pronomen

Die so genannten unverbundenen Pronomen sind solche, die völlig alleine – also ohne Verb – stehen können. Du kennst bereits die verbundenen Pronomen, die in Verbindung mit einem Verb stehen:

<u>Beispiele für die verbundenen Pronomen:</u>

Nous dansons.	→ Subjektpronomen
Je **vous** regarde.	→ direktes Objektpronomen
Elle *lui* dit bonjour.	→ indirektes Objektpronomen

In Sätzen ohne Verb und auch nach Präpositionen nimmst du die unverbundenen Pronomen:

moi, toi, lui, elle	im Singular
nous, vous, eux, elles	im Plural

Tipp

Lui steht für männliche Nomen im Singular; *eux* steht für männliche Nomen im Plural.

Der folgende Spicker zeigt dir, wie du diese Pronomen einsetzt:

<u>Der Gebrauch der unverbundenen Pronomen:</u>

Moi? Je viens tout de suite.
Et toi? Qu'est-ce que tu fais?
Avec lui (= le garçon), nous faisons toujours des bêtises.
Avec elle (= la fille), nous aimons chanter.
J'ai acheté des fraises pour eux (= les garçons).
J'ai acheté des pommes pour elles (= les filles).

9. **Ergänze jeweils das passende unverbundene Pronomen. Die Angaben in Klammern helfen dir dabei.**

Le temps passe vite.

a) Papa: «Faites vite, les enfants. Qui vient avec _______ pour préparer les sacs pour l'excursion de demain?» **(mir)**

b) Julie: «_______, papa. J'arrive.» **(ich)**

c) Maman: «J'appelle les Roche. Ils vont venir avec _______ à Murol, nous partons avec _______.» **(uns / ihnen)**

d) A dix heures, les amis partent. Jacqueline demande à Anne: «Et _______, qu'est-ce que tu fais là?» **(du)**

e) Anne: «J'ai encore acheté des glaces pour _______, tu veux aussi une glace, _______?» **(uns / du)**

f) Jacqueline: «Non, merci, _______, je ne mange rien maintenant. Donne la glace à papa. _______, il aime les glaces.» **(ich / er)**

g) A Murol où il y a une grande forteresse* en ruines, les filles donnent un concert de guitare et les garçons aiment jouer avec _______. **(ihnen)**

* *la forteresse* = die Burg

Die unverbundenen Pronomen nimmst du also immer, wenn du ohne Verb arbeitest. Der folgende Spicker zeigt dir, wann du sie noch einsetzt:

<u>Hervorhebungen mit c'est / ce sont ... qui / que:</u>

Il a fait cette bêtise. → C'est lui qui a fait cette bêtise.

Ils ont pris cette photo. → Ce sont eux qui ont pris cette photo.

Willst du das Subjekt des Satzes hervorheben und betonen, so verwendest du *c'est … qui* oder *ce sont … qui.* Bei der Hervorhebung verwendest du als Pronomen immer die unverbundenen.

10. Hebe in den folgenden Sätzen jeweils das schräg gedruckte Subjekt mit *c'est / ce sont … qui* hervor.

a) *Sebastian* apprend à travailler sur l'ordinateur.

b) *Les élèves* travaillent beaucoup.

c) *Ils* ont des exercices de grammaire à terminer.

d) *J'*ai rêvé d'une année scolaire sans travail.

e) *Les filles de notre équipe de volle*y jouent très bien.

f) *Nous* avons gagné le dernier match.

Willst du das Objekt des Satzes hervorheben und betonen, so verwendest du *c'est ... que* oder *ce sont ... que.* Du verwendest dabei wieder die unverbundenen Pronomen.

11. Hebe in den folgenden Sätzen jeweils das schräg gedruckte Objekt mit *c'est / ce sont ... que* hervor.

a) M. Pinot cherche *un nouveau terrain de camping.*

____

____

b) La famille veut voir *le sud de l'Auvergne.*

____

____

c) Mme Pinot préfère *les terrains dans les montagnes.*

____

____

d) Julie préfère *les hôtels au bord de la mer.*

____

____

e) Philippe ne veut pas quitter *Silvia.*

____

____

f) M. Pinot lit enfin *un guide pour faire du camping.*

____

____

Ja – und wohin die Reise nun geht, erfährst du im nächsten Kapitel.

E Relativsätze und indirekte Rede

1 Relativsätze

Willst du eine nähere Information über Nicole in einen Satz einbauen, so kannst du zum Beispiel schreiben: *Nicole, qui est très sportive, joue au volley.* – Nicole, die sehr sportlich ist, spielt Volleyball.
Und wie fragst du nach *qui*?

Tipp Frage immer mit dem ganzen Nebensatz, dann gehst du auf Nummer Sicher: *Qui est sportif?* – Wer oder was ist sportlich?

Der Nebensatz, den wir eingeschoben haben, ist ein so genannter Relativsatz, der mit dem Relativpronomen *qui* beginnt. Der Spicker sagt dir, was du über Relativsätze mit *qui* wissen musst:

<u>Relativsätze mit qui:</u>

- *Qui* bezieht sich immer auf Personen oder Sachen im Hauptsatz.
- *Qui* ist immer das Subjekt des Nebensatzes. Frage: Wer oder was?
- *Qui* ist immer unveränderlich (im Deutschen hast du dagegen drei Relativpronomen: der, die, das).

Übe gleich mit. M. Pinot packt für die nächste Ferienetappe. Seine Kinder reichen ihm die Dinge, die er im Auto verstauen will.

1. Verbinde die Sätze. Das Beispiel zeigt dir, wie es geht.

Maintenant, vous me donnez …

a) … les sacs. Les sacs sont très grands.

Maintenant vous me donnez les sacs qui sont très grands.

b) … les ballons. Les ballons se trouvent sous la table.

____

____

c) … le vélo. Le vélo est déjà propre.

____

____

d) … la boîte. La boîte est sur la table.

____

____

e) … les livres. Les livres sont sur le toit de la voiture.

____

____

f) … les bouteilles. Les bouteilles sont dans le carton.

____

____

Aber M. Pinot ist unzufrieden mit sich und der Welt.

2. Verbinde – wie in Übung 1 – die Sätze durch einen Relativsatz mit *qui.*

a) Il regarde sa femme Bernadette. Elle a un look d'enfer aujourd'hui.

____

b) Il voit son fils Philippe. Philippe flirte avec son amie Silvia.

____

c) Et puis, il prend une photo de sa fille Julie. Julie fait du surf et ne veut pas partir.

____

d) Il regarde dans son petit miroir. Le miroir est cassé*.

____

* *cassé* = zerbrochen

Trotzdem machen sich Pinots auf die weitere Reise Richtung Süden. In einem kleinen Dorf treffen sie am Mittag auf Touristen aus verschiedenen Ländern.

3. Verbinde jeweils die Satzteile. Der erste wird der Hauptsatz, der zweite der Relativsatz mit *qui.*

a) Ils voient des Allemands – adorer le pays

____

____

b) Ils rencontrent aussi des Africains – chercher leur chemin

____

____

c) Il y a des Français – vouloir acheter du fromage

____

____

d) Il y a des Canadiens – regarder le paysage

____

____

e) Philippe regarde des Autrichiens – acheter du beurre

____

____

f) Il y a aussi d'autres touristes – venir de Paris

____

____

Du siehst, die Nebensätze mit *qui* sind schnell in den Griff zu bekommen. Daher gehen wir gleich weiter zu den Relativsätzen mit *que*. Was du wissen musst, steht auf dem Spicker:

Relativsätze mit que:

- *Que* bezieht sich (wie *qui*) auf Personen oder Sachen und ist in seiner Form immer gleich.
- *Que* ist immer das direkte Objekt des Relativsatzes.
- Vor Vokal oder stummem h- wird *que* zu *qu'*.

Beispiel:

J'ai vu ***un vélo bleu.***	*J'ai acheté* ***le vélo.*** *acheter* ***qc*** **= direktes Objekt →** ***que***
J'ai vu ***un vélo bleu***	***que*** *j'ai acheté.*

4. **Verbinde jeweils die Sätze. Der zweite Satz wird immer zu einem Relativsatz, der mit *que* eingeleitet wird.**

En route. Qu'est-ce qui se passe?

a) M. Pinot achète des croissants au chocolat. Il aime beaucoup *les croissants au chocolat.*

___

b) Sa femme cherche un cadeau. Elle veut offrir *le cadeau* à sa mère.

___

c) A Brioude, ils rencontrent un paysan. Ils ont déjà vu *ce paysan* à Clermont.

___

d) Julie boit du thé. Elle n'aime pas *le thé,* parce qu'il est froid.

___

e) Les autres achètent des fruits chez un commerçant. Ils ont vu *ce commerçant* de loin.

___

f) Mme Pinot mange des fraises. Les enfants aiment aussi *les fraises.*

___

g) Les Pinot aiment l'Auvergne. Ils connaissent maintenant bien *l'Auvergne.*

___

Tipp

Vorsicht Falle! Verwendest du im Relativsatz mit *que* (= direktes Objekt) das *Passé composé,* so musst du eventuell das *Participe passé* verändern. Denk daran in der folgenden Übung.

5. **Verbinde jeweils die Sätze. Der zweite Satz wird immer zu einem Relativsatz, der mit *que* eingeleitet wird.**

Dans le Parc des Volcans d'Auvergne à Murat.

a) Le soir à 20 heures, les Pinot arrivent dans la ville de Murat. Ils n'ont pas encore visité *la ville de Murat.*

____

b) Sur le camping de la ville, ils installent d'abord leur tente. Ils ont déjà porté *la tente* sous un grand arbre.

____

c) Pour le dîner, les enfants mangent des crêpes. Mme Pinot a déjà préparé *les crêpes.*

____

d) M. Pinot apporte une bonne bouteille de vin rouge. Il a acheté *cette bouteille* dans un petit magasin.

____

e) Ce soir, on chante des chansons allemandes. Les enfants ont appris *ces chansons* en Allemagne, l'année dernière.

____

Alles klar? Dann auf zum letzten Relativpronomen *où*. Der Spicker gibt dir die wichtigen Informationen über die Verwendung:

Das Relativpronomen où:

- **Où bedeutet im Deutschen wo? wohin?**
- **Où vertritt immer eine Ortsangabe.**

Beispiele:
Voilà la tente où je dors avec mes parents.
C'est la ville où nous habitons depuis un an.

Mach dich gleich selbst ans Werk und konstruiere Relativsätze mit *où*. – Bei ihren Fahrten in die Umgebung von Murat gelangen Pinots bis nach Le Puy.

6. Verbinde die Satzteile mit dem Relativpronomen *où* zu Haupt- und Nebensatz.

Le Puy, c'est une ville **où** …

a) … on a construit des églises sur les volcans.

____

____

b) … on peut acheter des belles dentelles*.

____

____

c) … on donne des concerts chaque été.

____

____

d) … on trouve beaucoup de touristes toute l'année.

____

____

e) … Mme Pinot rencontre par hasard* sa vieille amie Fabienne et son fils Gilles.

____

____

* *les dentelles (f.)* = die Spitzen
par hasard = zufällig

Bald sitzen alle auf den Stufen der Kathedrale in der Sonne und erzählen.

7. Ergänze die fehlenden Relativpronomen *qui, que* oder *où.*

Fabienne raconte:

«En 1999, je suis arrivée au Puy ________ j'habite toujours avec ma famille. Mon mari* Maurice, ________ est informaticien, a d'abord travaillé chez Garnier. Mais cette entreprise, ________ n'existe plus maintenant, a fermé ses portes l'année dernière. Alors, Maurice, ________ aimait bien son travail, a cherché un nouveau job. Le travail ________ il a trouvé, ne lui a pas plu. Puis, il a eu cette idée ________ je trouve toujours aussi géniale. Il a créé une entreprise ________ ‹vole›. Dans son ballon magnifique ________ il a acheté, Maurice montre l'Auvergne aux touristes. Notre région, ________ il y a beaucoup de lacs et de volcans, plaît beaucoup aux gens. Un vol, c'est un spectacle ________ impressionne les gens. Gilles, ________ vole avec Maurice, dit toujours: ‹Dans le ciel, il ne faut pas réfléchir ________ on va aller. C'est le vent ________ est notre guide et ________ sait ________ on va arriver›.»

* *le mari* = der Ehemann

Philippe und M. Pinot sind beeindruckt und würden am liebsten gleich „in die Luft" gehen. Zunächst aber verabredet man sich für den folgenden Tag.

2 Indirekte Rede und indirekte Frage

Wenn du nicht selbst mit jemandem reden kannst, musst du dir berichten lassen, was gesprochen wurde. Dazu benötigst du die indirekte Rede bzw. die indirekte Frage. Die Beispiele auf dem Spicker zeigen dir, wie das funktioniert:

Indirekte Rede und indirekte Frage:

Gilles dit que son ballon est magnifique.	... sagt, dass ....
Phil demande si le ballon vole vite.	... fragt, ob ...
Julie veut savoir où on va lui montrer le ballon.	... will wissen, wo ...

Achtung: *Que* und *si* werden nur vor *il / ils* zu *qu'* bzw. *s'*. An der Stellung im Nebensatz S – P – O ändert sich nichts.

Gut, dass es Handys gibt. Am nächsten Morgen telefoniert Gilles mit Philippe. Phil berichtet den anderen, die nicht mithören können:

8. Ergänze die indirekte Rede, indem du die direkt gesprochenen Sätze von Gilles in den Sprechblasen verwendest.

	Gilles dit au téléphone:	Philippe dit aux autres:
a)	«Je ne peux pas venir ce soir.»	Gilles dit qu(e) ______________________ ______________________
b)	«J'ai une grippe terrible.»	Gilles raconte qu(e) ______________________ ______________________
c)	«Il a commencé à pleuvoir.»	Gilles explique qu(e) ______________________ ______________________

d) «Je suis au lit et j'ai de la fièvre.» — Gilles dit qu(e) ______________________

____

e) «Mon père va voler avec vous.» — Gilles dit que ______________________

____

Tipp

Wie du gemerkt hast, musst du bei der indirekten Rede / Frage wie im Deutschen auch die Pronomen angleichen, damit die Sichtweise wieder stimmt.

Beispiel:

„Ich weiß nicht, ob ich komme." → Er sagt, er wisse nicht, ob er komme.

«Je ne sais pas si je viens.» → *Il dit qu'il ne sait pas s'il vient.*

9. **Stelle die indirekten Fragen. Julie fragt Gilles am Telefon, Gilles berichtet seinen Eltern, was Julie fragt.** ***Est-ce que*** **fällt bei der indirekten Frage natürlich immer weg.**

Julie demande au téléphone à Gilles:	**Gilles dit à ses parents:**
a) «Est-ce que je peux voler avec toi demain?»	Julie demande s(i) ______________________ ______________________________
b) «Est-ce que tu peux survoler les châteaux?»	Julie veut savoir s(i) ______________________ ______________________________
c) «Est-ce que tu apportes un pique-nique dans le ciel?»	Julie demande s(i) ______________________ ______________________________
d) «Est-ce que les vols en ballon sont dangereux?»	Julie demande si ______________________ ______________________________
e) «Est-ce qu'il fait très froid dans le ciel?»	Julie veut savoir s(i) ______________________ ______________________________

Am Abend will Maurice ihnen seinen Werbefilm zeigen, aber der Projektor streikt. Also erzählt er, was in dem Film erklärt wird.

10. **Mache aus den Sätzen indirekte Reden / indirekte Fragen und beginne jeweils mit:** ***Dans le film, on raconte que / demande si …***

a) L'idée de voler en ballon est vieille.

____

____

____

b) Les deux frères Montgolfier sont les premiers qui ont volé en ballon.

____

____

____

c) Le 4 juin 1783, les frères ont fait un vol fantastique en Ardèche.

____

____

____

d) Un peu plus tard, ils survolent Paris.

____

____

____

e) Aujourd'hui, les activités de la petite entreprise «Maurice-Cieltours» ont beaucoup de succès.

f) Est-ce que les touristes sont toujours impressionnés?

g) Est-ce que ces vols plaisent aussi aux jeunes qui ont peur?

h) Si on n'a pas peur, c'est super.

F Mengenangaben und die Pronomen en / y

1 Der Teilungsartikel

Du kannst schon konkrete Mengenangaben machen *(trois bouteilles de limonade, deux tablettes de chocolat, une pomme)* und eine Menge von Dingen bezeichnen, die im Plural stehen *(des oranges, des cartons, des CD).* All diese Dinge lassen sich zählen.

Willst du eine Menge bezeichnen, die nicht zählbar ist (Zucker, Wasser, Limonade), musst du den so genannten Teilungsartikel einsetzen, eine Kombination aus *de* + bestimmtem Artikel. Der Spicker verrät dir, wie es geht:

> **Der Teilungsartikel:**
>
> de la
> de l' vor Vokal und stummem h-
> du
>
> J'achète – de la limonade.
> J'achète – de l'eau.
> J'achète – du vin.

Tipp Wie du siehst, stehen die Nomen *limonade, eau, vin* im Singular und bezeichnen eine unbestimmte Menge von etwas, das man nicht zählen kann.

Und weiter geht's gleich mit den Übungen. Nach einer atemberaubenden Fahrt im Heißluftballon über die Auvergne sitzen alle abends im Landhaus von Fabienne und Maurice vor dem offenen Kamin. Fabienne bringt Getränke.

1. Setze die richtigen Teilungsartikel ein: *de la, de l'* oder *du.*

Fabienne met sur la table:

________ jus de citron, ________ orangina, ________ vin, ________ bière,

________ café, ________ lait, ________ coca, ________ thé et ________ eau.

2. Setze die richtigen Teilungsartikel ein: *de la, de l'* oder *du.*

«Voilà, messieurs, mesdames, prenez ________ beurre, ________ fromage,

________ salade de riz, ________ riz, ________ pain, ________ soupe aux

poissons, ________ jambon, ________ coq au vin et ________ sauce.»

Alle lassen es sich schmecken. Zum Nachtisch machen Gilles und Julie nach Rezept eigenhändig einen Obstsalat. Was muss alles hinein?

3. Setze in die Lücken den unbestimmten Artikel im Plural oder den passenden Teilungsartikel.

Recette:

- pommes
- oranges
- bananes
- sucre
- jus de fruits
- crème chantilly*

Pour préparer la salade de fruits, les enfants mélangent:

____

____

____

____

Puis, ils mettent ____________ glace* à la vanille sur la table. Bon appétit!

* *la crème chantilly* = die Schlagsahne
la glace = das Eis

Aufgepasst! Jeder trinkt seinen Kaffee anders: *Sans sucre ou avec du sucre?*

<u>Ausnahme:</u> Nach *sans* steht grundsätzlich kein Artikel!

Beispiele: sans sucre, sans lait, sans chocolat

Eine zweite Ausnahme: Bei *aimer, préférer, adorer* und *détester* steht immer der bestimmte Artikel!

Beispiele: J'adore le sucre. – Elle déteste le lait.

4. Artikelsalat: Hier sind Teilungsartikel, bestimmte und unbestimmte Artikel bunt gemischt. Setze jeweils die richtige Form ein. Muss die Lücke leer bleiben, streichst du sie durch.

Julie: «Qu'est-ce que tu aimes, Gilles, ________ thé? Ou est-ce que tu préfères ________ chocolat?»

Gilles: «Je bois souvent ________ thé avec ________ sucre et un peu ________ lait. Mais je préfère ________ chocolat chaud avec beaucoup ________ sucre. Et le week-end, avec mon père, je prends aussi ________ café noir sans ________ lait. Et toi?»

Julie: «Très souvent, je prends ________ jus de pommes et ________ eau. Tu peux me donner un verre ________ eau, s'il te plaît?»

Gilles: «Et qu'est-ce que tu aimes manger? ________ sandwichs ou ________ frites?»

Julie: «Non, merci, je déteste ________ frites, mais j'adore ________ soupes et, bien sûr, comme plat principal, ________ coq au vin et ________ crêpes. Comme dessert, j'aime aussi ________ clafoutis.»

Gilles: «Très bien, maman a préparé ________ grand clafoutis. Le voilà.»

2 Der unpersönliche Ausdruck *il faut*

Il faut ist ein unpersönlicher Ausdruck, der sehr praktisch ist. Es gibt ihn nur in der 3. Person Singular. Der Spicker sagt dir, worauf es ankommt:

il faut + Nomen = man braucht / benötigt

Beispiele: Il faut des tomates. – Il faut de l'eau.

Willst du die Person, die etwas braucht / benötigt, genauer benennen, dann musst du das indirekte Objektpronomen ergänzen:

<u>falloir – brauchen, benötigen</u>

il me faut	ich brauche
il te faut	du brauchst
il lui faut	er, sie, es braucht
il nous faut	wir brauchen
il vous faut	ihr braucht
il leur faut	sie brauchen

Was braucht man für eine Wanderung?

5. Verbinde *il faut* mit den Satzteilen zu ganzen Sätzen.

a) il faut – un grand sac à dos – me

____

b) il faut – un pull bien chaud – te

____

c) il faut – beaucoup de boissons – lui

____

d) il faut – un couteau pour le pain et le fromage – nous

____

e) il faut – un grand gâteau pour le pique-nique – vous

____

f) il faut – un guide avec des informations sur le chemin à prendre – leur

____

Den unpersönlichen Ausdruck *il faut* kannst du auch mit einem Infinitiv kombinieren:

il faut + Infinitiv = man muss

Beispiel: Il faut acheter … Man muss … kaufen.

il ne faut pas + Infinitiv = man darf nicht, man braucht nicht

Beispiel: Il ne faut pas klaxonner. Man darf nicht hupen.

6. Verbinde die angegebenen Satzteile mit *il faut* (+) und mit *il ne faut pas* (–).

Auf einem Schild am Eingang des Parks stehen Verhaltensregeln:

+

a) faire des promenades quand il fait beau
b) lire les informations
c) rester sur les chemins
d) faire attention aux animaux et aux plantes
e) laisser les poissons dans le lac

–

a) prendre la mauvaise direction
b) faire du bruit dans la forêt
c) déranger les animaux
d) jeter des papiers
e) détruire la nature

a) ______________________________

____

b) ______________________________

____

c) ______________________________

____

d) ______________________________

____

e) ______________________________

____

a) ______________________________

____

b) ______________________________

____

c) ______________________________

____

d) ______________________________

____

e) ______________________________

____

3 Das Pronomen *en*

En ist ein Pronomen, das wir neu kennen lernen. Im Deutschen bedeutet es *davon* oder *welche,* verneint *keine(n).*

Beispiele: *Tu veux du fromage? – Oui, j'**en** veux.*
*Tu veux des croissants? – Non, je n'**en** veux pas.*

Auf dem Spicker stehen die wichtigsten Informationen über *en*:

En vertritt Ergänzungen zum Verb mit *de*. Im Deutschen übersetzt man *en* mit welche, davon; verneint: kein(e).

Stellung von *en*:

- vor der konjugierten Verbform
- innerhalb der Verneinung (*ne* also vor *en*!)
- bei mehreren Verben vor dem Infinitiv

Auch bei *il y a* funktioniert das so: Il y a *des croissants.* → Il y *en* a.

7. **Ersetze die schräg gedruckten Angaben durch das Pronomen *en*.**

Un pique-nique dans les montagnes. Un touriste demande à un autre.

a) Vous aimez regarder *des paysages avec des montagnes,* Monsieur?

Oui, j(e) ______________________________

b) Vous profitez aussi *des grandes vacances*?

Oui, j(e) ______________________________

c) Vous prenez *du thé,* monsieur?

Non, merci, je ______________________________

d) Vous buvez *du café*?

Oui, j(e) ______________________________

e) Vous mangez *des croissants*?

Non, merci, je ______________________________

f) Vous voulez *du pain avec de la confiture*?

Oui, j(e) ______________________________

En kann auch eine Mengenangabe vertreten, die durch ein Mengenwort näher bestimmt ist. Der Spicker sagt dir, was du wissen musst:

en mit Mengenwort:

Ersetzt du eine Mengenangabe durch *en*, bleibt das Mengenwort (z. B. *beaucoup, assez, trop, trois kilos, 200 grammes*) stehen.

Beispiele:

Je prends des bananes.	→	*J'en prends.*
J'ai pris trois bananes.	→	*J'en ai pris trois.*
J'ai pris trois kilos de bananes.	→	*J'en ai pris trois kilos.*
J'ai pris beaucoup de bananes.	→	*J'en ai pris beaucoup.*
J'ai pris trop de bananes.	→	*J'en ai pris trop.*

Logisch! Denn wenn du das Mengenwort, das die Menge genau(er) bestimmt, weglassen würdest, wüsstest du ja nicht mehr, wie viel du von etwas gekauft hast.

Mme Pinot geht auf dem Markt von St. Flour für das Wochenende einkaufen. Die Händler wollen genau wissen, wie viel Mme Pinot möchte.

8. **Ersetze die Mengenangaben durch *en*.**

a) Vous prenez deux kilos de tomates? – Oui, *j'en prends deux kilos.*

b) Vous avez assez de fruits? – Non, ______________________________

____

c) Vous voulez une boîte de fraises? – Oui, ______________________________

____

d) Vous prenez aussi deux aubergines? – Oui, ______________________________

____

e) Et vous voulez beaucoup de carottes? – Oui, ______________________________

____

f) Madame, vous voulez une tablette de chocolat? – Oui, ____________________

____

Tipp

Nicht vergessen! Auch *une banane* ist eine genauere Mengenangabe – also bleibt *une* stehen, wenn du *banane* durch *en* ersetzt:
J'ai mangé une banane. → J'en ai mangé une.

Und zu guter Letzt kann *en* auch eine Ortsangabe mit *de* vertreten: Probiere das gleich aus. Die Leute auf dem Markt erzählen, woher sie kommen.

> *En* kann für eine Ortsangabe stehen. Im Deutschen übersetzt man *en* in diesem Fall mit „von dort".
>
> Beispiel: Je viens de la gare. → J'en viens.

9. **Ersetze die Ortsangaben, die Ergänzungen mit *de* sind, durch das Pronomen *en*.**

a) Je viens de Strasbourg. → ______________________

b) Nous revenons des vacances. → ______________________

c) Il revient de chez ses grands-parents. → ______________________

d) Les filles reviennent de Paris. → ______________________

e) Les gens viennent du centre-ville. → ______________________

Alles klar? Dann wollen wir jetzt ein Pronomen üben, das der „Kompagnon“ zu *en* ist: das Pronomen *y*.

4 Das Pronomen *y*

Du weißt schon: *En* vertritt
- Mengenangaben und Ergänzungen mit *de* und
- Ortsangaben, die ebenfalls aus Ergänzungen mit *de* bestehen.

Neu ist: Auch *y* vertritt Ergänzungen, aber solche, die mit *à* gebildet werden. Der Spicker gibt dir Auskunft:

Das Pronomen y
- *Y* vertritt Ergänzungen mit *à* (wenn es sich dabei um Sachen handelt, nicht um Personen) und
- Ortsangaben, die durch *à*, *dans*, *en*, *sous*, *sur* (nicht aber *de*!) gemacht werden.

Beispiele:
Je ne pense pas à mon travail. → *Je n'y pense pas.*
Je vais aller à Poitiers. → *Je vais y aller.*
Il est entré dans le magasin. → *Il y est entré.*

Wo du das Pronomen *y* im Satz platzierst, steht auf dem Spicker:

Stellung von y

Es steht (wie *en*)
- vor der konjugierten Verbform,
- vor dem Infinitiv, wenn mehrere Verben vorhanden sind,
- innerhalb der Verneinung.

10. Ersetze die schräg gedruckten Ergänzungen mit *à* durch das Pronomen *y*.

Julie parle à sa mère, sa mère répond.

a) «J'ai souvent pensé *au vol en ballon.*»

«Moi aussi, j(e) ______________________________.»

b) «Gilles fait toujours attention *au temps.*»

«Oui, il ______________________________.»

c) «Et il fait toujours attention *aux bâtiments.*»

«Bien sûr, il ______________________________.»

d) «Maman, est-ce que tu as aussi pensé à *ces jours agréables* encore une fois?»

«Oui, j(e) ______________________________.»

M. Pinot plant die Weiterfahrt von St. Flour über Limoges nach Poitiers. Dort wollen alle zusammen ins Futuroscope, das größte Kinozentrum der Welt, gehen.

11. Ersetze die Ergänzungen mit *à* bzw. die Ortsangaben durch *y*.

a) «On va aller à Poitiers.»

____

b) «Nous allons aller au Futuroscope.»

____

c) «On montre plus de 50 films dans les cinémas.»

____

d) «Vous allez regarder les meilleurs films dans des salles gigantesques.»

____

e) «On a vraiment installé un cinéma 360° dans un grand bâtiment.»

____

f) «Plus de 1000 personnes travaillent au parc.»

____

g) «Les techniciens ont aussi construit un cinéma sous la terre*.»

____

* *sous la terre* = unter der Erde

Und nun kannst du zeigen, was du gelernt hast. In der letzten Übung dieses Kapitels kommen Mengenangaben, *en* und *y* gemeinsam vor.

12. **Setze die passenden Artikel oder Pronomen in die Lücken ein. Die Bezugswörter oder Ergänzungen, die ersetzt werden sollen, sind immer schräg gedruckt.**

Les Pinots partent enfin pour *Limoges*. Ils veulent _______ faire des courses.

Mme Pinot pense *à la porcelaine*. Elle _______ pense depuis des jours. Mais si on achète _______ porcelaine à Limoges, il faut savoir que c'est très cher.

Julie aime _______ vêtements *dans une petite boutique appelée «Le nafnaf»*. Elle _______ achète *des T-shirts et des pulls*. C'est vrai, elle _______ a beaucoup, mais elle trouve toujours quelque chose de beau.

Philippe ne veut pas faire _______ courses. Il préfère s'installer *dans un petit café* et _______ boire _______ thé ou _______ limonade. Il lit *des BD de «Tintin»*. Philippe _______ a acheté plusieurs à St. Flour.

Et M. Pinot? Il revient *de la cathédrale*. Pourquoi? Il _______ revient parce qu'il y a eu un beau concert dans l'après-midi et M. Pinot aime beaucoup _______ musique classique.

A la fin de la journée, les Pinot n'ont plus _______ argent, mais tout le monde est content.

G Das Imparfait

1 Die Bildung der *Imparfait*-Formen

Drei Zeiten kennst du schon: Das *Präsens,* das *Futur composé* und das *Passé composé.* Jetzt kommt als neue Vergangenheit das *Imparfait* hinzu. Der Spicker zeigt, wie du die Formen bildest:

Die Imparfait-Formen von prendre:

je	prenais
tu	prenais
il	prenait
nous	prenions
vous	preniez
ils	prenaient

Die Endungen des Imparfait lauten:

-ais, -ais, -ait im Singular,
-ions, -iez, -aient im Plural

Du hängst die Endungen an den Stamm der 1. Person Plural des Präsens an:

Beispiel:
nous allons – Endung -ons wegstreichen und die Endung des Imparfait anhängen – nous allions

Probiere die Bildung des *Imparfait* gleich aus.

1. Schreibe die *Imparfait*-Formen der folgenden Verben auf die Zeilen.

a) écouter

b) boire

c) réfléchir

d) savoir

e) commencer

f) manger

2. Welche *Imparfait*-Formen sind hier versteckt? Schreibe sie zusammen mit dem jeweiligen Personalpronomen auf die Zeilen.

R	E	A	G	I	S	S	I	O	N	S	A	O
E	C	A	B	N	E	A	L	L	I	O	N	S
T	O	C	D	S	A	V	A	I	E	N	T	E
O	U	E	F	T	F	A	I	M	A	I	T	N
U	T	G	H	A	G	I	C	F	A	I	S	T
R	I	I	J	L	I	S	A	I	T	U	T	A
N	E	K	L	L	H	A	D	I	O	N	E	I
A	Z	M	N	A	L	L	A	I	S	W	Z	E
I	O	P	Q	I	I	B	E	A	T	O	E	N
S	M	O	N	T	R	I	O	N	S	A	L	T

waagrecht:

senkrecht:

3. Silbenrätsel: Welche fünf *Imparfait*-Formen lassen sich bilden?

OUB	**CH**	**AIS**
RE	**ISS**	**AIT**
AP	**LI**	**IONS**
MAR	**POND**	**IEZ**
REUSS	**PEL**	**AIENT**

Natürlich könntest du die *Imparfait*-Endungen in der rechten Spalte an jedes der Verben anhängen. Wenn du jedoch von oben nach unten vorgehst, kannst du genau mit den Formen im Lösungsteil vergleichen:

Die folgenden Ausnahmen solltest du dir gleich merken:

Infinitiv:
être
falloir
pleuvoir

Präsens:
nous sommes
il faut
il pleut

Imparfait:
j'étais
il fallait
il pleuvait

2 Die Verwendung des *Imparfait*

Das französische *Imparfait* ist nicht einfach eine Zeitstufe wie das Perfekt oder das Plusquamperfekt im Deutschen, sondern es hat eine besondere Aufgabe:

Das Imparfait beschreibt Zustände, gewohnheitsmäßige Handlungen und alles, was häufig oder regelmäßig abläuft.

Beispiele:

Im Mittelalter: *Les gens étaient pauvres.*
Ils avaient beaucoup d'enfants.
Les enfants étaient souvent malades.

4. Setze die in Klammern angegebenen Verben ins *Imparfait.*

M. Pinot zieht Zwischenbilanz.

a) Pendant nos vacances, il ____________________ **(faire)** toujours beau.

b) En Auvergne, il y ____________________ **(avoir)** toujours du vent.

c) Dans le sud, le soleil ____________________ **(briller)** chaque jour.

d) Et dans les campings, la nuit, on ________________________ **(ne pas entendre)** de bruit.

e) J(e) ____________________ **(être)** heureux et ma famille aussi.

Wenn du nun wissen willst, wann du *Passé composé* und wann du *Imparfait* verwendest, dann musst du dir Folgendes merken: Beides sind Zeiten, die Vergangenes wiedergeben. Den feinen Unterschied siehst du im nächsten Abschnitt.

3 *Imparfait* und *Passé composé*

Beide Zeiten haben bei der Darstellung der Vergangenheit unterschiedliche Aufgaben. Sieh dir die Zeit-Spicker an:

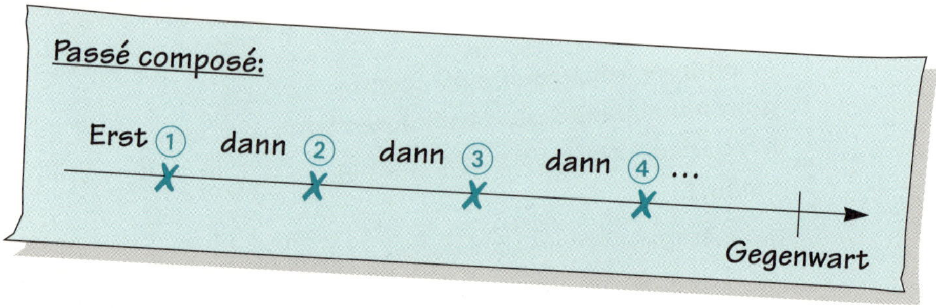

① Du stehst auf,

② dann frühstückst du,

③ dann gehst du in die Schule,

④ dann stehst du vor verschlossenen Türen, weil Sonntag ist.

Die Aktionen 1 bis 4 sind jeweils zeitlich begrenzte Handlungen. Wenn 1 beendet ist, dann kommt 2, dann 3, dann 4.

> Beim Passé composé handelt es sich immer um einzelne, abgeschlossene, aufeinander folgende Handlungen.

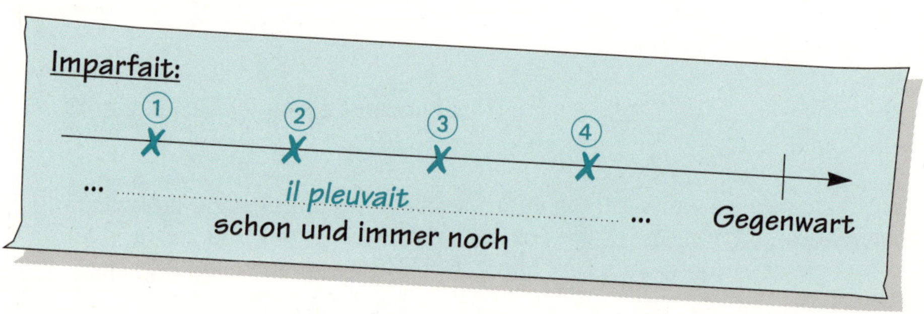

Dinge, die in der Vergangenheit die ganze Zeit schon in Gang sind und immer noch andauern (wenn z. B. etwas anderes plötzlich passiert), stehen im *Imparfait*.

Wenn du dir den folgenden „Film" anschaust, weißt du, welche Zeiten du in deinen eigenen Texten einsetzen musst.

Hintergrundinfo:
Il pleuvait, le vent était fort, il y avait des gros nuages et on ne voyait rien.

Action:
① Tout à coup, une voiture est arrivée,
② elle a klaxonné,
③ le conducteur a freiné (= gebremst), mais trop tard;
④ la voiture a renversé (= umgefahren) un monsieur …

Hintergrundinfo:
… qui ne faisait pas attention.

Wir beginnen mit einem einfachen „Film".

5. *Imparfait* oder *Passé composé*? Ergänze die Verben in der richtigen Form.

M. Pinot __________________ **(conduire)** sa voiture et __________________ **(réfléchir)** depuis le matin au programme de sa journée. Tout à coup, il __________________ **(avoir)** faim. Il __________________ **(arrêter)** sa voiture dans le village où il __________________ **(être)** et il __________________ **(sortir)** de sa voiture. Puis il __________________ **(aller)** dans un restaurant et __________________ **(manger)** un bon menu. Puis, il __________________ **(boire)** une bouteille de vin et __________________ **(demander)** l'addition*. Quand le garçon __________________ **(venir)**, M. Pinot __________________ **(voir)** qu'il __________________ **(ne pas avoir)** d'argent. Quel malheur!

* *l'addition (f.)* = die Rechnung

Doch nun wollen wir Familie Pinot durch die fantastische Kinowelt des Futuroscope in Poitiers begleiten. Vier Filme sehen sich Pinots an: einen Actionfilm im Bewegungskino (in dem die Sitze der Zuschauer alle Bewegungen auf der Leinwand mitmachen), einen (Anti-)Werbefilm für die Modebranche im 3D-Kino, einen James Bond im „Tapis magic", einem Kino, in dem sogar der Fußboden aus Glas als Leinwand dient – und zum Schluss die Verfolgungsjagd der Radrennfahrer bei der Tour de France im 360°-Kino, wo die riesige Leinwand in einer riesigen Halle im Kreis gebaut ist.

6. *Imparfait* oder *Passé composé*? Ergänze die Verben in der richtigen Form.

Une nuit de février en 2001

L'automobiliste* de formule 1 Thierry Chablis __________________ **(être)** à Grenoble et __________________ **(vouloir)** mettre sa Ferrari rouge sur un camion pour le transporter à Monaco. Il y __________________ **(avoir)** une tempête terrible. Tout à coup, une mère ________________ **(arriver)** et lui ________________ **(dire)**: «S'il vous plaît, monsieur Chablis, vous avez une voiture très rapide et je dois aller à Monaco le plus vite possible. Ma fille est très malade et elle doit prendre tout de suite ce médicament que j(e) ________________ **(acheter)** ici à Grenoble chez un spécialiste.» Thierry ________________ **(prendre)** le médicament sans réfléchir, la mère ________________ **(monter)** dans la Ferrari et ils ________________ **(partir)**. Il ________________ **(faire)** nuit et il ________________ **(neiger)**. La circulation ________________ **(être)** dangereuse. La route dans les Alpes ________________ **(être)** pleine de virages et Thierry ________________ **(lutter)** contre le temps et la neige sur la route. La pauvre mère ________________ **(s'inquiéter)** beaucoup. Mais on ________________ **(avancer)**.

A 40 kilomètres de Monaco, il y ________________ **(avoir)** vraiment trop de neige. Tout à coup, la voiture ________________ **(devoir)** s'arrêter. Quel malheur! Mais heureusement, quelques minutes plus tard, un chasse-neige ________________ **(venir)** et ________________ **(ouvrir)** la route. A Monaco, la mère ________________ **(descendre)** de la voiture, ________________ **(réveiller)** sa fille qui ________________ **(dormir)** à la maison et lui ________________ **(donner)** le médicament tout de suite. Ainsi, l'aide formidable de Thierry Chablis ________________ **(sauver)** la vie de la petite fille.

* *l'automobiliste (m.)* = der Rennfahrer

7. *Imparfait* oder *Passé composé*? Ergänze die Verben in der richtigen Form.

Depuis déjà trois mois, la jeune créatrice Béatrice Butor ________________ **(dessiner)** sa nouvelle collection «BB». Tous les jours, il y ________________ **(avoir)** des nouvelles idées dans son équipe et le travail ________________ **(avancer)** bien. Béatrice ________________ **(adorer)** ses nouveaux vêtements et elle ________________ **(être)** toute contente. Mais trois jours avant la sortie de sa nouvelle collection, elle ________________ **(rencontrer)** un garçon dans la rue avec ses vêtements! «Pardon, toi, où est-ce que tu ________________ **(acheter)** ton pantalon et ton sweat?» Le garçon ________________ **(ne pas répondre)** à sa question et ________________ **(partir)** tout de suite. Béatrice l(e) ________________ **(suivre)**. Mais dans le métro, elle l(e) ________________ **(perdre)**. Toute la journée, Béatrice ________________ **(réfléchir)**. Mais elle ________________ **(ne pas pouvoir)** imaginer qui, dans son équipe, ________________ **(pouvoir)** voler ses idées. Le soir, pendant que Béatrice ________________ **(regarder)** une émission sur la nouvelle mode à Paris à la télé, on ________________ **(montrer)** la collection d'un jeune homme: elle ________________ **(avoir)** un grand succès. Et le jeune créateur? Un garçon qui ________________ **(travailler)** dans son équipe depuis cinq ans!

8. *Imparfait* oder *Passé composé*? Ergänze die Verben in der richtigen Form.

James Bond à Super-Besse

Lundi dernier, James Bond ________________ **(venir)** à Super-Besse, une petite station de ski en Auvergne, pour son nouveau film «La danse des morts». Pendant trois jours, l'équipe de ce film ________________ **(travailler)** du matin au soir et du soir au matin. Dans sa scène, James ________________ **(devoir)** voler avec une montgolfière qui ________________ **(être)** belle comme la première montgolfière des frères Joseph et Etienne. Il ________________ **(faire)** beau temps et il y ________________ **(avoir)** beaucoup de neige et beaucoup de skieurs. Dans le film, James Bond ________________ **(devoir)** sortir du ballon, sauter et tomber sur la piste – bien sûr avec des skis aux pieds. Un après-midi, quand Bond ________________ **(vouloir)** sauter, il ________________ **(tomber)** sur la piste devant les pieds d'une belle touriste de 68 ans qui ________________ **(être)** une bonne skieuse. Pendant qu'elle le ________________ **(regarder)**, la dame ________________ **(avoir)** l'idée de lui proposer de descendre avec elle pour aller boire un thé. Mais Bond qui ________________ **(être)** triste que la dame ________________ **(être)** si vieille ________________ **(dire)** tout de suite: «Non, merci madame, je ne suis pas en forme, vous êtes sans doute trop rapide pour moi.»

La dame ________________ **(commencer)** à rire et ________________ **(descendre)** si vite que Bond ________________ **(ne pas pouvoir)** la suivre*.

* *suivre* = folgen

Puis, il __________________ **(rater)** un virage et __________________ **(tomber)** dans le petit lac à la fin de la piste. Ce jour-là, l'équipe __________________ **(avoir)** quelques heures libres.

Für das Imparfait gilt immer: etwas hat schon angefangen und dauert zu einem bestimmten Zeitpunkt in der Vergangenheit immer noch an.

Für das Passé composé gilt immer: erst Aktion 1, dann Aktion 2, dann Aktion 3, dann Aktion 4 … Jede Handlung ist jeweils abgeschlossen, wenn die neue beginnt.

Das gilt auch, wenn diese beiden Vergangenheitszeiten in einem Satzgefüge, d. h. in Haupt- und Nebensatz vorkommen.

9. *Imparfait* oder *Passé composé*? Ergänze die Verben in der richtigen Form.

Les cinémas au Futuroscope impressionnent beaucoup Philippe. Il écrit une lettre à son ami Sébastien et raconte:

Salut, Bastien,

Nous venons de voir un film formidable dans le cinéma 360°. Pendant le film, on ____________________ (ne pas faire) de bruit. Les gens ____________________ (écouter) sans parler. Dans le film, les cyclistes ____________________ (arriver) au pied du Puy de Dôme, ____________________ (prendre) quelque chose à manger et à boire et puis, ils ____________________ (continuer) leur chemin. Ils ____________________ (être) presque en haut quand il y ____________________ (avoir) un coup de vent* si fort que tous les cyclistes ____________________ (tomber). Cet accident m(e) ____________________ (impressionner) parce que, dans ce cinéma rond, les cyclistes ____________________ (être) devant moi, derrière moi, à gauche, à droite et moi, j(e) ____________________ (être) au milieu, j(e) ____________________ (croire) tomber avec eux.

A bientôt

Philippe

* *le coup de vent* = der Windstoß

H Fragen stellen

Bei den Fragen kannst du bereits zwischen zwei verschiedenen Arten auswählen:

- Intonationsfrage = wie Aussagesatz + Fragezeichen
- *est-ce que-Frage* = *est-ce que* + Aussagesatz + Fragezeichen

Du kannst außerdem schon nach dem Subjekt fragen:
Qui est arrivé? Antwort: *Nina est arrivée.*

Und du kannst nach dem Objekt fragen:
Que chante Nina? Antwort: *Elle chante une chanson allemande.*

Nun wollen wir dir weitere Fragen zeigen, die im Französischen verwendet werden.

1 Fragen nach Personen

Der Spicker zeigt dir die Möglichkeiten, wie du nach Personen fragst:

Fragen nach Personen:

Qui est-ce qui arrive? – wörtlich: Wer ist das, der kommt?
Qui est-ce que tu as vu? – wörtlich: Wer ist das, den du gesehen hast?

- Mit *qui est-ce qui* fragst du nach Personen, die das Subjekt im Satz bilden.
- Mit *qui est-ce que* fragst du nach Personen, die das direkte Objekt im Satz bilden.

Probiere beide Varianten in den folgenden Übungen gleich aus.

1. **Frage nach der Person, die das *Subjekt* des Satzes bildet; sie ist jeweils schräg gedruckt.**

a) *Nina* travaille très bien à l'école.

Qui est-ce qui travaille très bien à l'école?

b) *Philippe* regarde la télévision.

____

c) *Julie* mange trois sandwichs.

____

d) *Mme Pinot* n'aime pas les activités dangereuses.

____

e) *M. Pinot* rencontre des amis de La Rochelle.

____

f) *Toute la famille* va rendre visite à tante Hélène à La Rochelle.

____

g) *Les Pinot* ont promis de venir à la fin des vacances.

____

Tipp Du siehst, dass nur zwei Dinge zu beachten sind:

- Nach *qui est-ce qui* und *qui est-ce que* ist die Satzstellung dieselbe wie im normalen Aussagesatz.
- Du musst sinngemäß das Verb in der Frage angleichen: *Les Pinot ont promis ... → Qui est-ce qui a promis ...?*

Nach ihrem Besuch im Futuroscope von Poitiers fahren Pinots zu Tante Hélène und Onkel Benoît nach La Rochelle. Beim ersten Abendessen gibt es viele Fragen.

2. **Stelle die Fragen nach den schräg gedruckten Personen. Sie sind wieder Subjekt des Satzes.**

Tante Hélène demande:	Les enfants répondent:
a) ______________________________ ______________________________ ______________________________	C'est *Julie* qui a appris le surf.
b) ______________________________ ______________________________ ______________________________	*Phil* a trouvé une petite amie.
c) ______________________________ ______________________________ ______________________________	*Maman* a lu 15 livres.
d) ______________________________ ______________________________ ______________________________	*Papa* a volé en ballon.
e) ______________________________ ______________________________ ______________________________	C'est *nous* qui avons passé d'excellentes vacances.

Und nun fragen wir nach Personen, die das Objekt des Satzes bilden.

3. **Onkel Benoît ist schwerhörig und fragt immer wieder nach. Stelle die passende Frage nach der schräg gedruckten Person, die Objekt des Satzes ist.**

Beispiel: «Nous avons rencontré *Fabienne et Maurice.*» – «Qui est-ce que vous avez rencontré?»

Les enfants racontent:	Oncle Benoît demande:
a) Maman a retrouvé *son amie Fabienne.*	______________________
	______________________
	______________________
b) Au Puy, Julie a vu *leur fils Gilles.*	______________________
	______________________
	______________________
c) Elle a appelé *Gilles* plusieurs fois.	______________________
	______________________
	______________________
d) Papa a beaucoup surpris *maman.*	______________________
	______________________
	______________________
e) Il a invité *Fabienne, Maurice et Gilles* pour Noël à Paris.	______________________
	______________________
	______________________

Nun wollen Pinots einiges von Hélène und Benoît wissen.

4. **Stelle die passende Frage nach der schräg gedruckten Person, die Objekt des Satzes ist.**

Mme Pinot demande:	Hélène répond:
a) ______________________	J'ai vu *nos grands-parents.*
______________________	
______________________	
b) ______________________	Benoît *les* a invités.
______________________	
______________________	
c) ______________________	Il a imité *son cousin* au téléphone.
______________________	
______________________	
d) ______________________	Cela a énervé *grand-mère.*
______________________	
______________________	
e) ______________________	Grand-mère a critiqué *Benoît.*
______________________	
______________________	

Ganz normaler Familienalltag also!

2 Fragen nach Sachen

Der Spicker zeigt dir, welche Möglichkeiten du hast, mit *est-ce (que)* nach Sachen zu fragen:

Fragen nach Sachen:

Qu'est-ce qui t'énerve? – wörtlich: Was ist das, das dich nervt?
Qu'est-ce que tu fais? – wörtlich: Was ist das, das du machst?

- Mit *qu'est-ce qui* fragst du nach Sachen, die das Subjekt im Satz bilden.
- Mit *qu'est-ce que* fragst du nach Sachen, die Objekt im Satz sind.

Übe gleich mit.

5. Frage nach den schräg gedruckten Sachen, die Subjekt sind.

Les enfants:	Oncle Benoît:
a) *La tente* était assez grande.	______________
	______________
b) *Les routes* étaient pleines de trous.	______________
	______________
c) *L'eau du lac* était très froide.	______________
	______________
d) *Les promenades* étaient jolies.	______________
	______________
e) *Les fromages* étaient délicieux.	______________
	______________

f) *Les châteaux* étaient magnifiques. ______________________

____

6. Frage an der Stelle des Polizisten nach den schräg gedruckten Sachen, die Objekt des Antwortsatzes sind. Vorsicht mit den Objektpronomen und den Verbformen – sie müssen entsprechend der Redesituation aus der Sicht des Polizisten wieder stimmen!

Beispiel: Qu'est-ce que vous regardez? – Nous regardons *notre plan.*

Un agent de police demande:	M. Pinot répond:
a) ______________________ ______________________	Nous cherchons *l'aquarium de La Rochelle.*
b) ______________________ ______________________	A l'aquarium, nous voulons apprendre *beaucoup de choses.*
c) ______________________ ______________________	Nous ne trouvons plus *notre chemin.*
d) ______________________ ______________________	Maintenant, il nous faut *une information correcte.*
e) ______________________ ______________________	Quelqu'un doit nous montrer *la bonne direction.*

Je vais vous aider, monsieur. Maintenant, vous allez y arriver.

Hier das Wichtigste auf einen Blick:

- *Qui* vor *est-ce* steht für die Frage nach Personen.
- *Qu'* vor *est-ce* steht für die Frage nach Sachen.
- Hinter *est-ce* steht *qui*, wenn du nach dem Subjekt fragst.
- Hinter *est-ce* steht *que*, wenn du nach dem Objekt fragst.

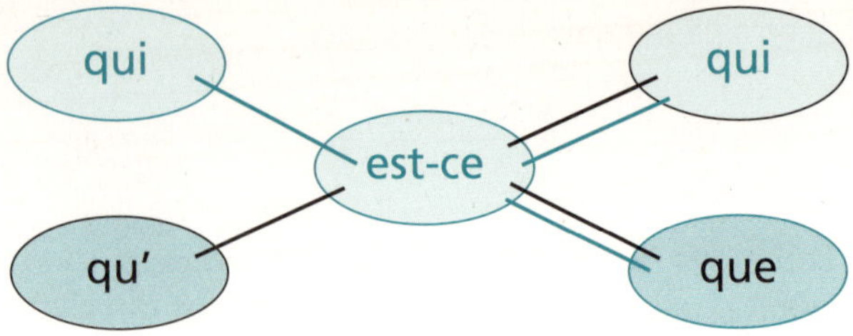

7. **Ergänze die passenden Frageformen.**

Dans la voiture, Philippe et Julie se disputent.

a) ________________ n'a pas de place? – C'est moi.

b) ________________ tu bouscules, Phil? – C'est Julie, maman.

c) ________________ vous voulez boire, mes petits? De la limonade?

d) ________________ vous dérange? – Les cinq sacs, papa.

3 Die Inversionsfrage

Die dritte Möglichkeit der Fragestellung ist die so genannte Inversionsfrage. Dabei wird von der normalen Stellung der Satzglieder wie im Aussagesatz abgewichen. Du nimmst das Subjektpronomen und stellst es hinter das Verb. Und das funktioniert folgendermaßen:

> **Die Inversionsfrage**
>
> Beispiel: Elle est arrivée. – Est-elle arrivée?
>
> Du nimmst das Subjektpronomen und hängst es mit Bindestrich an das konjugierte Verb an. Der übrige Satz bleibt unverändert, also Hände weg von übrigen Satz, egal wie er aussieht!

Probiere die einfache Inversionsfrage gleich aus.

8. Forme die Intonationsfragen (Satzstellung wie im Aussagesatz) um in Inversionsfragen.

a) Nous connaissons bien le chemin maintenant?

____

____

b) Vous avez dormi dans la voiture?

____

____

c) Tu viens aussi à l'aquarium?

____

____

d) Vous regardez les poissons?

____

____

e) Il prend des photos?

____

____

f) Ils rentrent à la maison?

____

____

g) Tu es d'accord?

____

____

Eine Besonderheit gilt es allerdings bei der einfachen Inversion zu beachten:

Einschub von -t- zwischen Verb und Pronomen

Endet das Verb mit einem Vokal und beginnt das Pronomen mit einem Vokal (würden also zwei Vokale aufeinander stoßen), so musst du -t- einschieben.

Beispiele:

Elle regarde … → Regarde-t-elle …?
Il écoute … → Ecoute-t-il …?
Il a pris … → A-t-il pris …?

Tipp Den Buchstaben *-t-* schiebst du also immer in der 3. Person Singular ein, wenn zwei Vokale aufeinander treffen würden.

9. Forme die Aussagesätze in Inversionsfragen um.

a) Elle explique le problème.

____

b) On accuse son voisin.

____

c) Elle accepte le prix.

____

d) On examine la voiture.

____

e) Elle va informer ses élèves.

____

f) Il va appeler ses parents.

____

g) Elle oublie ses devoirs.

____

h) Il va offrir un beau cadeau.

____

10. **Forme die Aussagesätze in Inversionsfragen um. Jetzt stehen die Verben allerdings im *Passé composé.***

a) Elle a téléphoné à son amie.

____

b) Il a travaillé comme un fou.

____

c) Elle a bien mangé.

____

d) Il a plu hier.

____

e) Elle a reçu des bonnes notes.

____

f) Il y a eu des problèmes.

____

g) On a réveillé les enfants.

____

h) Il a surveillé les examens.

____

Und nun mischen wir noch ein paar Objektpronomen und die Pronomen *y* und *en* in die Inversionsfrage mit hinein. Aber keine Bange, es gilt wie bisher in allen Fällen:

Beispiele: ***Elle*** *lui en* ***a*** *donné beaucoup [= beaucoup de croissants].*

↑ konjugierte Verbform + *-t-*

→ *Lui en a-t-elle donné beaucoup?*

Mit Verneinung:

Elle ***ne*** *lui en a* ***pas*** *donné beaucoup.*

→ ***Ne*** *lui en a-t-elle* ***pas*** *donné beaucoup?*

11. Forme die Intonationsfragen in Inversionsfragen um. Markiere die konjugierten Verbformen farbig und kreise die Subjektpronomen ein – dann ist das Anhängen ein Kinderspiel.

a) Vous avez des croissants?

___

___

b) Vous n'avez pas de croissants?

___

___

c) Je vous ai donné 3 kilos de beurre?

___

___

d) Je ne vous ai pas donné 3 kilos?

___

___

e) Elle ne l'écoute pas bien?

___

___

f) Il ne l'a pas bien écouté?

___

___

4 Das Fragepronomen *quoi*

Und nun eine Kleinigkeit zum Schluss. Sieh gleich auf deinen Spicker, dann weißt du, wie das Fragewort *quoi* verwendet wird.

Das Fragewort quoi

Es bezieht sich auf Sachen und
- steht nach Präpositionen,
- als direktes Objekt vor Infinitiven sowie
- in Sätzen ohne Verb.

Das klingt kompliziert, ist aber ganz einfach. Die Beispiele zeigen es dir:

Tu fais attention ***à ta bicyclette****?*
→ ***A quoi*** *fais-tu attention?*
→ ***A quoi*** *est-ce que tu fais attention?*

Quoi *faire?* – Was soll man da machen?
Quoi *d'intéressant?* – Was gibt es Interessantes?

12. Kombiniere das Fragewort *quoi* mit den einzelnen Satzteilen und setze, wenn nötig, die passende Präposition dazu.

a) ______________________________

b) ______________________________

c) ______________________________

I Die reflexiven Verben

Im Deutschen sind dir die reflexiven (rückbezüglichen) Verben gut vertraut – du denkst gar nicht darüber nach, wie sie funktionieren. Einige Beispiele: ich wasche mich, du ruhst dich aus, er zieht sich an, es ereignet sich, wir machen uns lustig.

Der Spicker sagt dir, wie die Reflexivpronomen im Französischen heißen:

Die Reflexivpronomen:

me, te, se,
nous, vous, se

1 Die reflexiven Verben im Präsens

Der Spicker zeigt dir, wie die reflexiven Verben funktionieren:

se reposer			sich erholen, ausruhen		
je	me	repose	ich	erhole	mich
tu	te	reposes	du	erholst	dich
il/elle	se	repose	er/sie/es	erholt	sich
on	se	repose	man	erholt	sich
nous	nous	reposons	wir	erholen	uns
vous	vous	reposez	ihr	erholt	euch
ils	se	reposent	sie	erholen	sich

Tipp

Denk daran, dass *me, te, se* vor Vokal und stummem *h-* logischerweise zu *m', t', s'* werden.

1. Konjugiere die vier reflexiven Verben in allen Personen im Präsens.

s'habiller

____
____
____
____
____
____

se coucher

____
____
____
____
____
____

s'inquiéter

____
____
____
____
____
____

se lever

____
____
____
____
____
____

Alles klar? Die reflexiven Verben sind sicher kein Problem für dich. Auch wenn die Verneinung dazu kommt, bleibt alles beim Alten. Wohin die Pronomen gestellt werden müssen, steht auf deinem Spicker:

Stellungsregeln:

- Die Reflexivpronomen stehen immer vor der konjugierten Verbform.
- Die Verneinung steht um Pronomen und konjugierte Verbform herum: Je ne me lave pas.
- Wie bei den übrigen Pronomen auch, steht das Reflexivpronomen vor dem Infinitiv, wenn mehrere Verben im Satz stehen: Je ne veux pas me laver.

Kaum sind Pinots nach Paris zurückgekehrt, beginnt der ganz normale Schulalltag wieder. Was ändert sich nun? Julie überlegt.

2. Verneine die Sätze mit den in Klammern angegebenen Wörtern.

a) Je me couche très tard. **(ne … plus)**

____

b) Phil se lève très tard le matin. **(ne … plus)**

____

c) Je me moque de mon frère. **(ne … pas)**

____

d) Le soir, nous nous disputons, mon frère et moi. **(ne … pas)**

____

e) Mes parents se reposent toute la journée. **(ne … plus)**

____

f) Cette année, ma mère veut s'occuper de nos devoirs. **(ne … plus)**

____

Die neue Lehrerin begrüßt Julies Klasse und bespricht mit den Schülern das neue Schuljahr.

3. Setze die folgenden Satzbausteine in der richtigen Reihenfolge zusammen.

a) Bonjour , je | Monique Jospin | m'appelle

____

b) D'abord , votre emploi de temps | nous | nous | occupons de

____

c) ne pas | vous devez | vous inquiéter

____

d) des devoirs | parler | nous allons | de cette année

____

e) écrire | pour le journal de l'école | on va | des articles | qui | «école actuelle» | s'appelle .

____

f) Vous | vous | pouvez | adresser | à Monsieur Chapuis | à moi | et

____

g) Nous | nous | occuper | allons | du matériel nécessaire

____

h) Alors | les enfants | au travail , est | y | ça

____

2 Die reflexiven Verben im *Passé composé*

Verwendest du die reflexiven Verben im *Passé composé,* so gibt es nur ein Hilfsverb:

> Das Passé composé der reflexiven Verben wird immer mit dem Hilfsverb être gebildet.

Bei der Veränderung des *Participe passé* musst du allerdings gut aufpassen. Auf dem Spicker steht, warum:

> Die Veränderung des Participe passé bei den reflexiven Verben:
>
> - Ist das Reflexivpronomen direktes Objekt, musst du das Participe passé nach dem Subjekt verändern.
> - Ist das Reflexivpronomen indirektes Objekt, bleibt das Participe passé unverändert.

Das Beispiel zeigt dir den feinen Unterschied:

Elle s'est lavé**e**.	laver **qn** (= se), **se = direktes Objekt**
Aber:	
Elle s'est lavé **les mains.**	laver **les mains** à qn, **les mains = direktes Objekt,** à qn (= se), se = indirektes Objekt;

4. **Verbinde die Satzteile und setze die angegebenen Infinitive der Verben ins *Passé composé*.**

Julie a rêvé:

a) A trois heures du matin, je …
b) D'abord, je …
c) Puis, je …
d) Je … je …
e) Mais qu'est-ce qui …
f) Madame Jospin …

se lever
se laver
se regarder
s'habiller et
s'occuper
se passer
se moquer

… pour finir mes devoirs.
… très vite.
… dans le miroir.
… des devoirs à faire pour Madame Jospin.
… à huit heures à l'école?
… de moi parce que je n'avais pas mon cahier avec les devoirs. Il était à la maison!

a) ______________________________

____

b) ______________________________

____

c) ______________________________

____

d) ______________________________

____

e) ______________________________

____

f) ______________________________

____

3 Der Imperativ mit einem Pronomen bei den reflexiven und den nicht reflexiven Verben

Das Wichtigste gleich zu Beginn: Sowohl bei den reflexiven als auch bei den nicht reflexiven Verben funktioniert der Imperativ nach dem gleichen Schema. Der Spicker zeigt dir, wie es geht:

Der verneinte Imperativ:

Die Stellung der Satzglieder ist wie im normalen Aussagesatz.

Beispiele: Ne me regardez pas.
Ne t'inquiète pas.
N'y pensons pas.
Ne vous achetez rien.

Die Pronomen stehen also stets vor der konjugierten Verbform.

Probiere die verneinten Imperative gleich aus. Wir beginnen mit den reflexiven Verben. Mme Jospin spart zu Schuljahresbeginn nicht mit Ermahnungen und Verboten.

5. **Füge die Bausteine zu ganzen Sätzen zusammen und setze die Verben in den Imperativ, der zu den angegebenen Personen passt.**

Beispiel: Ne pas – s'adresser – aux voisins **(Phil et Sébastien)**
Ne vous adressez pas aux voisins.

a) Ne pas – se disputer – au cours **(les filles)**

____

b) Ne pas – se promener – dans la salle de classe **(vous)**

____

c) Ne pas – s'occuper – du bruit dans la cour **(nous)**

___

d) Ne pas – se moquer – des autres **(Bertrand)**

___

e) Ne pas – se coucher – toujours si tard le soir **(Céline)**

___

6. **Bilde zuerst – wie in Übung 5 – den verneinten Imperativ und ersetze dann den schräg gedruckten Satzteil durch das jeweilige Pronomen.**

Beispiel: Ne pas – courir – *dans la salle de classe* **(mes élèves)**

Ne courez pas dans la salle de classe.

N'y courez pas.

a) Ne pas – aller – *au cinéma* **(nous)**

___

___

b) Ne pas – parler – *aux voisins et aux voisines* **(vous)**

___

___

c) Ne pas – écrire – *des lettres aux copains* **(les filles)**

___

___

d) Ne pas – prendre – *des notes* – quand je parle **(mes élèves)**

___

___

e) Ne pas – lire – *les livres de Harry Potter* – pendant les cours **(Franck)**

____

____

f) Ne pas – penser – *aux vacances* **(nous)**

____

____

Der verneinte Imperativ ist nicht besonders schwierig. Aber auch den bejahten Imperativ bekommst du schnell in den Griff. Auf dem Spicker steht das, was du unbedingt wissen musst:

Der bejahte Imperativ:

Hier werden die Pronomen an das Verb mit Bindestrich angeschlossen. Statt *me* und *te* verwendest du allerdings *moi* und *toi*.

Beispiele: Regardez-moi.
Téléphonons-lui.
Reposez-vous.
Lis-le.
Trouvez-les.

Und noch eine Reihe von Verboten, Aufforderungen und unliebsamen Hinweisen. Zwei Freundinnen berichten, was ihre Eltern immer wieder sagen.

7. Ersetze die schräg gedruckten Satzteile durch das entsprechende Pronomen.

a) Baisse *la musique.* ______________________

b) Fais *tes devoirs.* ______________________

c) Range *ta chambre.* ______________________

d) Fermez *les fenêtres.* ____________________

e) Lis *tes livres de l'école.* ____________________

f) Ecoutez *vos professeurs.* ____________________

Und zum Schluss noch ein paar unbeliebte Anweisungen.

8. Bilde aus den Satzteilen Imperativ-Sätze.

a) donne – une réponse – moi *Donne-moi une réponse.*

b) occupe – de ton frère – toi ____________________

c) offre – une pomme – lui ____________________

d) levez – maintenant – vous ____________________

e) dis – bonjour de ma part – leur ____________________

J Das Plus-que-parfait

Den Abschluss dieses Buches bildet das *Plus-que-parfait,* eine weitere Vergangenheitszeit, die dem deutschen Plusquamperfekt entspricht – zum Beispiel: ich hatte gesagt, du warst gegangen, wir waren angekommen, sie hatten überlegt.

1 Die Bildung des *Plus-que-parfait*

Das französische *Plus-que-parfait* ist wie das *Passé composé* eine zusammengesetzte Zeit. Vergleiche beide Zeiten miteinander:

Passé composé

j'	ai	acheté
tu	as	acheté
il	a	acheté
nous	avons	acheté
vous	avez	acheté
ils	ont	acheté

Plus-que-parfait

j'	avais	acheté
tu	avais	acheté
il	avait	acheté
nous	avions	acheté
vous	aviez	acheté
ils	avaient	acheté

Der Unterschied zwischen den Formen der beiden Zeiten liegt im Hilfsverb: Beim *Passé composé* steht das Hilfsverb *avoir* oder *être* im *Präsens,* beim *Plus-que-parfait* verwendest du die Hilfsverben *avoir* oder *être* im *Imparfait.* Dein Spicker fasst die wichtigen Informationen zusammen:

Das Plus-que-parfait

- Es wird gebildet mit Hilfsverb avoir / être im Imparfait und dem Participe passé des Verbs, das du verwenden willst.
- Es gelten grundsätzlich die gleichen Regeln für Stellung der Pronomen und der Verneinung sowie für die Veränderung des Participe passé wie beim Passé composé.

1. Konjugiere die folgenden vier Verben im *Plus-que-parfait* in allen Personen.

habiter

____
____
____
____
____
____

ne pas ouvrir

____
____
____
____
____
____

choisir

____
____
____
____
____
____

ne pas aimer

____
____
____
____
____
____

Und gleich noch ein bisschen Formen-Training, damit du sicherer wirst.

2. Ergänze die *Plus-que-parfait-Formen* der folgenden Verben.

a) **réagir** j(e) ____________________

b) **pleuvoir** il ____________________

c) **ouvrir** tu ____________________

d) **admirer** nous ____________________

e) **connaître** elle ____________________

f) **perdre** elles ____________________

g) **distribuer** vous ____________________

h) **hurler** nous ____________________

i) **neiger** il ____________________

j) **penser** j(e) ____________________

Und nun achte genau auf die reflexiven Verben und die Veränderung des *Participe passé:* Es wird nur verändert, wenn das Reflexivpronomen ein *direktes Objekt* ist.

3. Setze die folgenden Sätze mit den angegebenen reflexiven Verben ins *Plus-que-parfait.*

a) **se baigner** Nicole ____________________

b) **se laver** Les filles ____________________ les pieds.

c) **se promener** Les garçons ____________________

d) **se reposer** Mon père ____________________

e) **se laver** Ma grand-mère ____________________

f) **se moquer** Nous ____________________ de notre prof.

g) **s'inquiéter** Julie et Anne ____________________

Wie oft in der Familie hat Großmutter gestern beim Abendessen von ihrer Kindheit erzählt.

4. **Bilde aus den Bausteinen ganze Sätze. Die Verben sollen ins *Plus-que-parfait* gesetzt werden.**

a) Nous – travailler – beaucoup – à la ferme de mes parents

____

b) Mes frères – aussi – aider – toujours – notre père – après l'école

____

c) Les garçons et moi, nous – porter – des vieux vêtements

____

d) Nous – ne pas avoir – des livres

____

e) Nous – devoir faire – les devoirs – très tard dans la nuit

____

f) De temps en temps, je – s'imaginer – une journée libre – sans travail

____

g) Mais – cela – être – un rêve – pendant de longues années

____

2 Der Gebrauch des *Plus-que-parfait*

Das *Plus-que-parfait* ist wie im Deutschen die so genannte Vorvergangenheit. Wenn du deiner Freundin erzählst, dass du gestern eine tolle Jeans gekauft hast, nimmst du *Passé composé.* Die Jeans war aber sicher am Tag zuvor schon in den Laden geliefert worden (sonst wäre sie ja nicht da gewesen) – der Vorgang der Lieferung ist also abgeschlossen, bevor du die Jeans gekauft hast. Damit weißt du nun, wann du das *Plus-que-parfait* einsetzt.

Auf deinem Spicker steht noch einmal die wichtigste Information über das *Plus-que-parfait:*

> Im Plus-que-parfait stehen immer Vorgänge / Handlungen, die zu einem Zeitpunkt in der Vergangenheit bereits abgeschlossen waren.

Damit weißt du nun über die wichtigsten Zeiten des Französischen – das *Passé composé,* das *Imparfait* und das *Plus-que-parfait* – Bescheid. Die folgende Übung veranschaulicht die Zeitenfolge.

5. **Als Julies Eltern gestern Abend nach Hause gekommen sind, waren leider verschiedene Dinge schon passiert. Setze die Verben ins *Plus-que-parfait.***

Mme Pinot raconte à sa voisine: «Quand nous sommes rentrés à la maison, hier soir, après le cinéma, …»
Et M. Pinot dit:

a) «… les enfants ______________________ **(inviter)** 23 amis.»

b) «… ils ______________________ **(organiser)** une boum horrible.»

c) «… les chaises ______________________ **(tomber)** par terre.»

d) «… François ______________________ **(faire)** le clown.»

e) «… il ______________________ **(prendre)** tous nos verres et ______________________ **(construire)** une Tour Eiffel avec ces verres.»

f) «… Sébastien qui avait la grippe, a dû faire «hatschi» et toute la Tour Eiffel en verre qu'on ______________________ **(construire)** juste avant, est tombée. – Nous n'avons plus un seul verre à la maison!»

Schade um die schönen Gläser – Mme Pinot fand übrigens noch wochenlang Glassplitter, die damals unter die Schränke gefallen waren!

In den ersten Schulwochen des neuen Schuljahres schreiben die Schüler, wie mit Madame Jospin vereinbart, Beiträge für die Schülerzeitung. Der beste Artikel soll prämiert werden. Drei Berichte stehen am Schluss zur Wahl.

6. **Setze in den Beitrag von Lionel die passenden Zeiten ein: *Passé composé* (P. c.), *Imparfait* (Imp.) oder *Plus-que-parfait* (Pqp.).**

Pendant nos vacances, nous ______________________ **(être, P. c.)** en Italie. Nous ______________________ **(voir, P. c.)** Venise, Florence et Rome, les villes que ma mère ______________________ **(choisir, Pqp.)** avant de partir et qu'elle ______________________ **(vouloir, Pqp.)** voir toute sa vie. Pendant que nous ______________________ **(être, Imp.)** à Rome, ma mère ______________________ **(dire, Imp.)** toutes les cinq minutes: «Faites attention à vos affaires, il y a des voleurs ici. Ne prenez pas de risques!» Et bien sûr, on ______________________ **(nous – ne rien voler, P. c.)**. A la fin des vacances, ma mère ______________________ **(dire, P. c.)**: «Vous voyez, il faut seulement être prudent*!» Mais quand nous ______________________ **(rentrer, P. c.)** à Paris, c(e) ______________________ **(être, Imp.)** la catastrophe: Ma mère ______________________ **(oublier, Pqp.)** de fermer la porte d'entrée à clé et les voleurs ______________________ **(emporter, Pqp.)** la télé et l'ordinateur. Ils ______________________ **(vider*, Pqp.)** la cave où mon père ______________________ **(ranger, Pqp.)** ses 300 bouteilles de vin rouge. Il ne ______________________ **(rester, Imp.)** pas une bouteille! En plus, ils ______________________ **(prendre, Pqp.)** l'argent que ma mère ______________________ **(oublier, Pqp.)** sur la table de la cuisine. Pauvre maman. Elle ______________________ **(pleurer, P. c.)** du soir au matin.

* *prudent* = vorsichtig
vider = ausräumen

7. **Setze in den Beitrag von Bertrand die passenden Zeiten ein: *Passé composé* (P. c.), *Imparfait* (Imp.) oder *Plus-que-parfait* (Pqp.).**

Quand nous ______________________ **(rentrer, P. c.)** des vacances, nous ______________________ **(avoir, P. c.)** un problème extraordinaire: Nous ______________________ **(ne plus reconnaître, P. c.)** notre maison – c'est-à-dire, il y ______________________ **(avoir, Imp.)** une maison identique à sa place qui ______________________ **(être, Imp.)** rouge comme une tomate. Mes parents ______________________ **(être, Imp.)** hors de soi* et ______________________ **(vouloir, Imp.)** savoir ce qui ______________________ **(se passer, Pqp.)**. Deux jours plus tard, les voisins ______________________ **(revenir, P. c.)** aussi des vacances. Ils ______________________ **(être, Imp.)** surpris: Avant leurs vacances, ils ______________________ **(téléphoner, Pqp.)** à une entreprise. Le directeur ______________________ **(promettre, Pqp.)** de peindre* la maison pendant qu'ils ______________________ **(être, Imp.)** en Allemagne. Malheureusement*, ce monsieur ______________________ **(ne pas bien noter, Pqp.)** le numéro de la maison et la couleur à utiliser. Maintenant, mes parents ont une maison rouge que je trouve géniale.

* *hors de soi* = außer sich
peindre = anstreichen
malheureusement = unglücklicherweise

8. Setze in den Beitrag von Philippe und Julie die passenden Zeiten ein: *Passé composé* (P. c.), *Imparfait* (Imp.) oder *Plus-que-parfait* (Pqp.).

Quand nous ______________________ **(rentrer, P. c.)** à Paris, nous ______________________ **(coller*, P. c.)** tout de suite nos photos des vacances dans un grand album. Surtout les photos que nous ______________________ **(prendre, Pqp.)** au Futuroscope ______________________ **(être, Imp.)** très belles. Une semaine après la rentrée à Paris, nous ______________________ **(recevoir, P. c.)** une lettre du Futuroscope où on ______________________ **(écrire, Imp)**:

> Messieurs,
>
> Vous ______________________ (avoir, P. c.) de la chance de participer* à notre concours* cette année.
>
> Nous ______________________ (demander, Pqp.) le nombre de touristes par an et votre réponse ______________________ (être, Imp.) correcte.
>
> Vous ______________________ (gagner, P. c.) le troisième prix. Le premier, c'est un voyage à New York, le deuxième un voyage à Madrid et le troisième – c'est un voyage à Paris! Passez une semaine dans la capitale de la France – il y a beaucoup de choses à voir!
>
> Toutes nos félicitations*!

* *coller* = einkleben
participer = teilnehmen
le concours = das Preisausschreiben
Toutes nos félicitations! = Herzlichen Glückwunsch!

Lösungen

A Adjektive

1. contentes – bonne – petit – sympathiques – jolies – élégantes – allemands – amusantes – chers ▶ Seite 6

2. ▶ Seite 7

a)	une vieille voiture	des vieilles voitures
b)	un vieil animal	des vieux animaux
c)	un vieux cinéma	des vieux cinémas
d)	une vieille tomate	des vieilles tomates
e)	un vieil instrument	des vieux instruments

3. ▶ Seite 8

a)	une belle surprise	des belles surprises
b)	une belle école	des belles écoles
c)	un beau verre	des beaux verres
d)	un bel immeuble	des beaux immeubles
e)	un bel agent	des beaux agents

4. ▶ Seite 8

a)	un nouvel architecte	des nouveaux architectes
b)	une nouvelle élève	des nouvelles élèves
c)	un nouvel élève	des nouveaux élèves
d)	un nouveau bâtiment	des nouveaux bâtiments
e)	un nouvel ordinateur	des nouveaux ordinateurs

5. des vieux vêtements – mes jeans sont vieux – ma robe bleue est vieille – un vieux pantalon – une vieille jupe – un vieil anorak – des vieilles chaussures – un T-shirt (...) très vieux – des vieux pulls – tout est vieux – un vieil appartement – un vieil immeuble – tes parents sont vieux – maman, tu n'es pas vieille ▶ Seite 8

6. un nouveau pantalon – le trouve très beau – des beaux blousons – la nouvelle collection – des modèles qui sont aussi nouveaux – un beau sweat d'une belle couleur – un nouveau chemisier – trois belles jupes – ses nouveaux vêtements – Ils sont beaux – la vie est belle ▶ Seite 9

7. Chère maman, je voudrais un T-shirt jaune à 1 euro, deux sweats gris à 4 euros, une cravate blanche à 3 euros, deux pantalons violets à 4 euros, trois chemises marron à 3 euros, deux jeans orange à 4 euros. ▶ Seite 12

8. les pantalons marron – les jeans bleus – les T-shirts verts – et les sweats rouges – les chemises blanches – la cravate violette – tes vêtements jolis ▶ Seite 12

9. ▶ Seite 13

Il voit une jeune fille	Elle voit un vieil homme
qui a les cheveux blonds	qui a les cheveux courts
et qui porte un chemisier original.	et qui porte une chemise verte.

▶ Seite 15

10. un livre: intéressant – plus intéressant – le plus intéressant
un garçon: beau – plus beau – le plus beau
une fille: jolie – plus jolie – la plus jolie
des exercices: difficiles – plus difficiles – les plus difficiles
une idée: folle – plus folle – la plus folle
une couleur: agressive – plus agressive – la plus agressive

▶ Seite 16

11.
a) La ville de Paris est plus grande que la ville de Clermont.
b) Les cafés de Paris sont plus chers que les cafés de Clermont.
c) La cathédrale de Clermont est plus petite que la cathédrale Notre-Dame.
d) Les gens d'Auvergne sont plus sympathiques que les gens de Paris.
e) Les maisons à la campagne sont moins petites que les maisons dans la capitale.
f) Les vacances à la maison sont moins amusantes que les vacances en Auvergne.
g) La vie en Auvergne est moins chère que la vie à Paris.

▶ Seite 17

12.
a) le plus beau lac d'Auvergne / le lac le plus beau d'Auvergne
b) la plus haute montagne de la région / la montagne la plus haute de la région
c) les plus grands poissons de la France / les poissons les plus grands de la France
d) la plus jolie fille du monde / la fille la plus jolie du monde
e) le plus beau nom de tous les noms de jeune fille / le nom le plus beau de tous les noms de jeune fille

Tipp **Die Franzosen verwenden beide Möglichkeiten; die Adjektive werden beim Superlativ voran- und nachgestellt.**

▶ Seite 18

13. des bons sandwichs – une meilleure idée – les meilleurs repas d'Auvergne – mon bon jambon – une bonne salade de fruits – les meilleurs poissons de France – les meilleurs desserts de la région – un bon pique-nique – les meilleurs sandwichs de la meilleure mère du monde

▶ Seite 19

14.
Julie: «Je voudrais bien apprendre à faire du surf et faire la connaissance du beau pays de Vercingétorix et de César.»
Philippe: «Je voudrais bien faire des longues promenades en vélo et sortir le soir avec la jolie fille qui s'appelle Silvia.»
Mme Pinot: «Je voudrais bien visiter le moulin magnifique ‹Richard-de-Bas› à Ambert et rendre une longue visite à mon amie Florence à Issoire.»
M. Pinot: «Je voudrais bien faire du kajak dans le beau Cantal et visiter la nouvelle maison du fromage à Egliseneuve d'Entraigues.»

B Das *Passé composé*

1.	a)	gearbeitet	travaillé	▶ Seite 22
	b)	gefeiert	fêté	
	c)	bewundert	adoré	
	d)	untersucht	examiné	
	e)	gesprochen	parlé	
	f)	repariert	réparé	
	g)	geschrien	crié	
	h)	verbessert	corrigé	
2.	a)	geantwortet	répondu	▶ Seite 23
	b)	verloren	perdu	
	c)	zurückgegeben	rendu	
	d)	verkauft	vendu	
	e)	ausgestiegen	descendu	
	f)	gewartet	attendu	
	g)	gehört	entendu	
3.	a)	geschlafen	dormi	▶ Seite 24
	b)	weggegangen	parti	
	c)	gelogen	menti	
	d)	hinausgegangen	sorti	
	e)	beendet	fini	
	f)	reagiert	réagi	

4. **rendre:** j'ai rendu, tu as rendu, il / elle a rendu, nous avons rendu, vous avez rendu, ils / elles ont rendu ▶ Seite 25
comprendre: j'ai compris, tu as compris, il / elle a compris, nous avons compris, vous avez compris, ils / elles ont compris

5. ▶ Seite 26
a) J'ai vendu ma voiture.
b) Tu as dormi dans la forêt.
c) Il a manqué l'école.
d) Nous avons répondu aux questions d'un agent de police.
e) Vous avez attendu la fin des vacances.
f) Elles ont commencé à travailler avec plaisir.

6. J'ai invité – Elle a téléphoné – ils ont apporté – J'ai commencé – Le prof du club a travaillé – Jean-Marie (…) a proposé – j'ai préféré ▶ Seite 27

7. ▶ Seite 28
a) Mon frère n'a plus invité les 23 copains du camping.
b) Silvia et moi, on n'a plus acheté de bouteilles de coca et d'orangina.
c) Les parents de Silvia n'ont pas accepté de boire de l'alcool.
d) Et les copains n'ont pas détesté le jus d'orange et la limonade.

e) Les garçons n'ont pas dansé toute la nuit.
f) Et à 3 heures du matin, Thierry n'a plus joué de la guitare classique.

▶ Seite 30 **8.**
a) Je suis monté(e) au Puy de Dôme à pied.
b) Tu es monté(e) …
c) M. Pinot est monté …
d) Julie est montée …
e) Les familles sont montées …
f) Nous sommes montées …
g) Vous êtes montés …
h) Les pères sont montés
i) Mme Pinot et la mère de Silvia sont montées …

▶ Seite 31 **9.**
a) Les familles sont allées …
b) A 20 heures, elles sont arrivées …
c) Julie est entrée …
d) M. Pinot est resté …
e) Philippe est tombé … Silvia est arrivée …
f) Tout le monde a ri.
g) … on est tombé …

▶ Seite 34 **10.**
a) Tout d'abord, nous avons fait un tour dans les vieux quartiers.
b) Julie a pris des photos d'un vieil hôtel.
c) Ensemble, nous avons visité la vieille cathédrale.
d) Dans les rues, nous avons rencontré beaucoup d'étudiants de l'université.
e) Puis, les filles ont trouvé un beau café.
f) Moi, j'ai pris une glace à la vanille.
g) Alors, mes copines sont parties et sont revenues au restaurant.
h) Moi aussi, j'ai quitté le café.
i) Devant la porte du restaurant, j'ai rencontré une vieille dame bien aimable qui a raconté …

▶ Seite 35 **11.**
a) j'ai décidé
b) J'ai téléphoné – je suis partie
c) J'ai quitté
d) Je suis arrivée – j'ai vu
e) nous avons fait – un jeune homme est arrivé
f) Je n'ai pas vu
g) Je n'ai pas réagi – il a bousculé – nous sommes tombés
h) Le jeune homme est parti
i) j'ai voulu
j) Je n'ai plus eu – Le jeune homme a volé

▶ Seite 37 **12.**
a) Oui, je l'ai préparée.
b) Non, je ne les ai pas rencontrés.

c) Oui, ils les ont attendues.
d) Non, il ne les a pas racontées.
e) Oui, nous les avons mangées.

13. a) des problèmes qu'elle a eus ▶ Seite 38
b) des gens qu'elle n'a pas connus
c) des informations qu'elle n'a pas eues
d) des questions qu'elle a posées
e) des réponses qu'elle n'a pas comprises et des chaussures bleues qu'elle a achetées

14. l'armée (…) a attaqué – Gergovie est – on peut – les Gaulois ont gagné – les Romains sont partis – les Gaulois sont retournés – César est revenu – il est resté – les Gaulois n'ont pas pu – ils ont eu – les Romains ont pris – les Gaulois ont perdu – Vercingétorix a perdu – on ne sait plus ▶ Seite 39

15. J'ai aimé **(Du solltest *beaucoup* zwischen Hilfsverb und *Participe passé* stellen: *j'ai beaucoup aimé*)** – les images qu'ils ont montrées – Je trouve – ce film donne – le film raconte – a amusé – ils discutent – nous allons faire – nos hommes vont jouer ▶ Seite 40

C Unregelmäßige Verben

1. a) reviennent ▶ Seite 42
b) venons
c) revenez
d) tient
e) viennent
f) tiennent

2. a) Le soir, les filles sortent et vont au club d'écriture de l'Auvergne à Royat. ▶ Seite 43
b) Les garçons partent aussi et vont au cinéma.
c) Après un film intéressant, ils ne rentrent pas tout de suite.
d) Ils oublient l'heure et reviennent trop tard.
e) Alors, Philippe ne ment pas et dit: «Excusez-moi!»
f) M. Pinot répond: «Demain, tu ne sors pas. Et maintenant, tu vas dormir et Julie aussi.»

▶ Seite 44 **3.**

Lösungswort:
CAMEMBERT

▶ Seite 46 **4.** Wenn man die innere Scheibe um ein Feld nach rechts dreht, bekommt man folgende Verbformen: je réfléchis – tu réagis – il / elle finit – nous réfléchissons – tu choisis – ils / elles réussissent – vous finissez

▶ Seite 47 **5.** **In Klammern stehen jeweils die Formen, die du auch aus den Silben bilden könntest.**
nous finissons (vous finissez) – nous choisissons (il, elle choisit / vous choisissez) – je / tu réfléchis (nous réfléchissons / vous réfléchissez) – vous réagissez (je, tu réagis / nous réagissons) – il réussit

▶ Seite 47 **6.** nous allons faire - nous allons partir – je ne mens pas – tu as proposé – tu a réfléchi – je dors – je ne pars pas – Viens – choisis – Je préfère – je n'aime pas – Je trouve – on va faire – on va manger

▶ Seite 49 **7.**

A	B	O	I	S	P	E	U	F
P	L	A	I	S	Q	N	V	O
B	C	H	E	B	U	V	E	Z
O	T	A	E	U	R	O	G	H
I	O	J	N	V	S	Y	Z	L
T	E	N	V	O	I	E	N	T
E	K	L	O	N	T	Z	Y	Z
P	L	A	I	S	E	N	T	A
M	N	L	E	N	O	W	D	X

waagrecht: je / tu bois – je / tu plais – vous buvez – ils / elles envoient – ils / elles plaisent

senkrecht: il / elle boit – j' / il / elle envoie – nous buvons – vous envoyez

8. a) n'a pas plu – plaît ▶ Seite 49
   b) vous buvez – nous avons bu
   c) plaisent – a plu beaucoup mieux
   (stilistisch besser: *a beaucoup mieux plu*)
   d) vous avez envoyé – j'envoie
   e) Envoie
   f) nous envoyons – nous avons envoyé – n'a pas plu

9. a) Je crois que le monsieur a raison. ▶ Seite 51
   b) Tu crois que nous allons gagner un million.
   c) Il croit que mes amis ne vont pas oublier mon anniversaire.
   d) Nous croyons que le monsieur raconte seulement des histoires.
   e) Vous croyez que je vais travailler pour l'école pendant les vacances.
   f) Les gens croient que, samedi prochain, tout le monde va avoir une surprise.

10. a) J'ai dû traverser la rue. ▶ Seite 53
    b) Les autres devant moi ont dû s'arrêter.
    c) Vous devez me croire, j'ai fait attention!
    d) J'ai arrêté mon vélo, mais j'ai reçu un grand coup et je suis tombé.
    e) Maintenant, nous n'allons pas recevoir des cartes d'invitation pour le Tour de France!»
    f) Docteur: «Ne pleure pas. Maintenant, tu dois te mettre ici et je vais te faire un beau plâtre!»

11. fait – passent – sont partis – connaissent – peut – a fait – pense – téléphonent – écoutent ▶ Seite 54

12. avons décidé – avons réussi – n'a pas menti – a promis – suis venu – vont finir – ne dormons plus – avons choisi – devons – veux – vais revenir ▶ Seite 54

13. a réfléchi – a comparé – dit – J'ai commencé – doit – je trouve – je connais – j'ai pris – j'ai demandé – aux gens que j'ai rencontrés (!)– Ils m'ont aidée – reçoivent ▶ Seite 55

D Pronomen

1. ce fromage – ces verres – cet alcool – ce cocktail – ces serviettes – cette salade – ces saladiers – cette infusion – ces fruits – cette quiche – ce pain – ces croissants – cette mousse au chocolat – cet instrument de musique ▶ Seite 57

2. a) Quels verres? – Quel sucre? – Quelles bouteilles? ▶ Seite 58
   b) Quelles tasses? – Quelles frites? – Quel pain?
   c) Quel saladier? – Quels sandwichs? – Quels instruments?
   d) Quels journaux? – Quelles oranges? – Quels légumes?

▶ Seite 58	3.	a)	Quel livre – Ce livre-là
		b)	Quelles cartes postales – Ces cartes postales-là
		c)	Quel bistro – ce bistro où on mange ces poissons
		d)	Quelles histoires – ces histoires
		e)	Quel métier – cet emploi
		f)	Quel âge – cette question
▶ Seite 60	4.	a)	tous mes spaghetti
		b)	toutes tes serviettes
		c)	tous nos skateboards
		d)	tous les cocktails de bienvenue
		e)	toute la tablette de chocolat
▶ Seite 61	5.	a)	toutes mes cassettes – toutes les BD – tous mes cahiers
		b)	toutes les bananes – toutes les cerises
		c)	toutes les assiettes – tous les verres – tous les sandwichs – tous tes papiers
		d)	toute la tente – toute la voiture – tous nos sacs à dos – toutes les chaussures
▶ Seite 63	6.	a)	M. Pinot lui donne les billets.
		b)	Mme Pinot leur donne des pulls chauds.
		c)	M. Roche leur dit: «Amusez-vous bien.»
		d)	Les parents lui proposent d'acheter un CD du concert.
		e)	Les jeunes leur disent «merci» et partent.
▶ Seite 64	7.	a)	«Attendez, je vais leur dire bonjour.
		b)	Un garçon lui demande pardon.
		c)	Céline lui promet de ne pas partir seule.
		d)	Le monsieur au micro, qui salue tout le monde, leur donne tout de suite la parole.
		e)	Les chansons des «Godasses» leur plaisent beaucoup.
▶ Seite 65	8.	a)	–
		b)	Oui, il les a présentés
		c)	Ils l'ont commencé
		d)	On l'a entendue
		e)	Tu leur as dit quelque chose
		f)	Il lui a plu
		g)	Vous les avez achetés
▶ Seite 67	9.	a)	moi
		b)	Moi
		c)	nous – eux
		d)	toi
		e)	nous – toi

f) moi – Lui
g) elles

10. a) C'est Sebastian qui apprend à travailler sur l'ordinateur. ▶ Seite 68
b) Ce sont les élèves qui travaillent beaucoup.
c) Ce sont eux qui ont des exercices de grammaire à terminer.
d) C'est moi qui ai rêvé d'une année scolaire sans travail.
e) Ce sont les filles de notre équipe de volley qui jouent très bien.
f) C'est nous qui avons gagné le dernier match.

11. a) C'est un nouveau terrain de camping que M. Pinot cherche. ▶ Seite 69
b) C'est le sud de l'Auvergne que la famille veut voir.
c) Ce sont les terrains dans les montagnes que Mme Pinot préfère.
d) Ce sont les hôtels au bord de la mer que Julie préfère.
e) C'est Silvia que Philippe ne veut pas quitter.
f) C'est un guide pour faire du camping que M. Pinot lit enfin.

E Relativsätze und indirekte Rede

1. a) Maintenant vous me donnez les sacs qui sont très grands. ▶ Seite 71
b) Maintenant vous me donnez les ballons qui se trouvent sous la table.
c) Maintenant vous me donnez le vélo qui est déjà propre.
d) Maintenant vous me donnez la boîte qui est sur la table.
e) Maintenant vous me donnez les livres qui sont sur le toit de la voiture.
f) Maintenant vous me donnez les bouteilles qui sont dans le carton.

2. a) Il regarde sa femme Bernadette qui a un look d'enfer aujourd'hui. ▶ Seite 72
b) Il voit son fils Philippe qui flirte avec son amie Silvia.
c) Et puis, il prend une photo de sa fille Julie qui fait du surf et ne veut pas partir.
d) Il regarde dans son petit miroir qui est cassé.

3. a) Ils voient des Allemands qui adorent le pays. ▶ Seite 72
b) Ils rencontrent aussi des Africains qui cherchent leur chemin.
c) Il y a des Français qui veulent acheter du fromage.
d) Il y a des Canadiens qui regardent le paysage.
e) Philippe regarde des Autrichiens qui achètent du beurre.
f) Il y a aussi d'autres touristes qui viennent de Paris.

4. a) M. Pinot achète des croissants au chocolat qu'il aime beaucoup. ▶ Seite 74
b) Sa femme cherche un cadeau qu'elle veut offrir à sa mère.
c) A Brioude, ils rencontrent un paysan qu'ils ont déjà vu à Clermont.
d) Julie boit du thé qu'elle n'aime pas, parce qu'il est froid.

e) Les autres achètent des fruits chez un commerçant qu'ils ont vu de loin.
f) Mme Pinot mange des fraises que les enfants aiment aussi.
g) Les Pinot aiment l'Auvergne qu'ils connaissent maintenant.

▶ Seite 75

5.
a) Le soir à 20 heures, les Pinot arrivent dans la ville de Murat qu'ils n'ont pas encore visitée. – ***Qu'*** **ist direktes Objekt (la ville), also musst du an das *Participe passé* -e anhängen.**
b) Sur le camping de la ville, ils installent d'abord leur tente qu'ils ont déjà portée sous un grand arbre. – ***Qu'*** **ist direktes Objekt (la tente), also musst du an das *Participe passé* -e anhängen.**
c) Pour le dîner, les enfants mangent des crêpes que Mme Pinot a déjà préparées. – ***Qu'*** **ist direktes Objekt (les crêpes, f.), also musst du an das *Participe passé* -es anhängen.**
d) M. Pinot apporte une bonne bouteille de vin rouge qu'il a achetée dans un petit magasin. – ***Qu'*** **ist direktes Objekt (la bouteille), also musst du an das *Participe passé* -e anhängen.**
e) Ce soir, on chante des chansons allemandes que les enfants ont apprises en Allemagne, l'année dernière. – ***Qu'*** **ist direktes Objekt (les chansons, f.), also musst du an das *Participe passé* *-es* anhängen.**

▶ Seite 76

6.
a) … où on a construit des églises sur les volcans.
b) … où on peut acheter des belles dentelles.
c) … où on donne des concerts chaque été.
d) … où on trouve beaucoup de touristes toute l'année.
e) … où Mme Pinot rencontre par hasard sa vieille amie Fabienne et son fils Gilles.

▶ Seite 77

7. au Puy où j'habite – Mon mari Maurice, qui est informaticien – Mais cette entreprise, qui n'existe plus – Maurice, qui aimait – Le travail qu'il a trouvé – cette idée que je trouve – une entreprise qui ‹vole› – Dans son ballon magnifique qu'il a acheté – Notre région, où il y a beaucoup de lacs et de volcans – c'est un spectacle qui impressionne – Gilles, qui vole avec Maurice – il ne faut pas réfléchir où on va aller – C'est le vent qui est notre guide et qui sait où on va arriver

▶ Seite 78

8.
a) Gilles dit qu'il ne peut pas venir ce soir.
b) Gilles raconte qu'il a une grippe terrible.
c) Gilles explique qu'il a commencé à pleuvoir.
d) Gilles dit qu'il est au lit et qu'il a de la fièvre.
e) Gilles dit que son père va voler avec nous.

▶ Seite 79

9.
a) Julie demande si elle peut voler avec moi demain.
b) Julie veut savoir si je peux survoler les châteaux.
c) Julie demande si j'apporte un pique-nique dans le ciel.

d) Julie demande si les vols en ballon sont dangereux.
e) Julie veut savoir s'il fait très froid dans le ciel.

10. a) Dans le film, on raconte que l'idée de voler en ballon est vieille. ▶ Seite 80
b) Dans le film, on raconte que les deux frères Montgolfier sont les premiers qui ont volé en ballon.
c) Dans le film, on raconte que le 4 juin 1783, les frères ont fait un vol fantastique en Ardèche.
d) Dans le film, on raconte que, un peu plus tard, ils survolent Paris.
e) Dans le film, on raconte que, aujourd'hui, les activités de la petite entreprise «Maurice-Cieltours» ont beaucoup de succès.
f) Dans le film, on demande si les touristes sont toujours impressionnés.
g) Dans le film, on demande si ces vols plaisent aussi aux jeunes qui ont peur.
h) Dans le film, on raconte que, si on n'a pas peur, c'est super.

F Mengenangaben und die Pronomen *en / y*

1. du jus de citron, de l'orangina, du vin, de la bière, du café, du lait, du coca, du thé et de l'eau ▶ Seite 83

2. du beurre, du fromage, de la salade de riz, du riz, du pain, de la soupe aux poissons, du jambon, du coq au vin et de la sauce ▶ Seite 83

3. … des pommes, des oranges, des bananes, du sucre, du jus de fruits et de la crème chantilly. Puis, ils mettent de la glace à la vanille sur la table. ▶ Seite 83

4. Julie: le thé – le chocolat; Gilles: du thé – du sucre – un peu de lait – le chocolat – beaucoup de sucre – du café noir sans lait; Julie: du jus de pommes et de l'eau – un verre d'eau; Gilles: Des sandwichs – des frites; Julie: les frites – les soupes – le coq au vin – les crêpes – le clafoutis; Gilles: un grand clafoutis ▶ Seite 84

5. a) Il me faut un grand sac à dos. ▶ Seite 86
b) Il te faut un pull bien chaud.
c) Il lui faut beaucoup de boissons. – ***Lui* kann männlich oder weiblich sein.**
d) Il nous faut un couteau pour le pain et le fromage.
e) Il vous faut un grand gâteau pour le pique-nique.
f) Il leur faut un guide avec des informations sur le chemin à prendre. – ***Leur* kann männlich oder weiblich sein**.

6. +: **a)** Il faut faire des promenades quand il fait beau. – **b)** Il faut lire les informations. – **c)** Il faut rester sur les chemins. – **d)** Il faut faire attention aux animaux et aux plantes. – **e)** Il faut laisser les poissons dans le lac. ▶ Seite 87

–: **a)** Il ne faut pas prendre la mauvaise direction. – **b)** Il ne faut pas faire du bruit dans la forêt. – **c)** Il ne faut pas déranger les animaux. – **d)** Il ne faut pas jeter des papiers. – **e)** Il ne faut pas détruire la nature.

▶ Seite 88

7.
a) Oui, j'aime en regarder.
b) Oui, j'en profite aussi.
c) Non, merci, je n'en prends pas.
d) Oui, j'en bois.
e) Non, merci, je n'en mange pas.
f) Oui, j'en veux.

▶ Seite 90

8.
a) Oui, j'en prends deux kilos.
b) Non, je n'en ai pas assez.
c) Oui, j'en veux une.
d) Oui, j'en prends aussi deux.
e) Oui, j'en veux beaucoup.
f) Oui, j'en veux une.

▶ Seite 91

9.
a) J'en viens.
b) Nous en revenons.
c) Il en revient.
d) Les filles en reviennent.
e) Les gens en viennent.

▶ Seite 92

10.
a) «Moi aussi, j'y ai souvent pensé.»
b) «Oui, il y fait toujours attention.»
c) «Bien sûr, il y fait toujours attention.»
d) «Oui, j'y ai aussi pensé encore une fois.»

▶ Seite 93

11.
a) «On va y aller.»
b) «Nous allons y aller.»
c) «On y montre plus de 50 films.»
d) «Vous allez y regarder les meilleurs films.»
e) «On y a vraiment installé un cinéma 360°.»
f) «Plus de 1000 personnes y travaillent.»
g) «Les techniciens y ont aussi construit un cinéma.»

▶ Seite 94

12. Les Pinots partent enfin pour Limoges. Ils veulent y faire des courses. Mme Pinot pense à la porcelaine. Elle y pense depuis des jours. Mais si on achète de la porcelaine à Limoges, il faut savoir que c'est très cher. Julie aime les vêtements dans une petite boutique appelée «Le nafnaf». Elle y achète des T-shirts et des pulls. C'est vrai, elle en a beaucoup, mais elle trouve toujours quelque chose de beau. Philippe ne veut pas faire les courses. Il préfère s'installer dans un petit café et y boire du thé ou de la limonade. Il lit des BD de «Tintin». Philippe en a acheté plusieurs à St. Flour. Et M. Pinot? Il revient de la cathédrale. Pourquoi? Il en revient parce qu'il y a eu un beau concert dans l'après-midi et M. Pinot aime beaucoup la musique classique. A la fin de la journée, les Pinot n'ont plus d'argent, mais tout le monde est content.

G Das *Imparfait*

1. a) j'écoutais, tu écoutais, il écoutait, nous écoutions, vous écoutiez, ils écoutaient ▶ Seite 96
   b) je buvais, tu buvais, il buvait, nous buvions, vous buviez, ils buvaient
   c) je réfléchissais, tu réfléchissais, il réfléchissait, nous réfléchissions, vous réfléchissiez, ils réfléchissaient
   d) je savais, tu savais, il savait, nous savions, vous saviez, ils savaient
   e) je commençais, tu commençais, il commençait, nous commencions, vous commenciez, ils commençaient
   f) je mangeais, tu mangeais, il mangeait, nous mangions, vous mangiez, ils mangeaient

2. **waagrecht:** nous réagissions, nous allions, ils / elles (s)avaient, il / elle aimait, il / elle lisait, je / tu allais, nous montrions ▶ Seite 97
   senkrecht: je / tu (re)tournais, vous écoutiez, il / elle (inst)allait, je / tu (s)avais, ils / elles sentaient

3. je / tu oubliais, il / elle répondait, nous appelions, vous marchiez, ils / elles réussissaient ▶ Seite 98

4. a) il faisait ▶ Seite 99
   b) il y avait
   c) le soleil brillait
   d) on n'entendait pas
   e) J'étais

5. M. Pinot conduisait – réfléchissait – il a eu – Il a arrêté – il était – il est sorti – il est allé – a mangé – il a bu – a demandé – le garçon est venu – M. Pinot a vu – il n'avait pas d'argent ▶ Seite 102

6. Thierry Chablis était – voulait mettre – Il y avait – une mère est arrivée – a dit – j'ai acheté – Thierry a pris – la mère est montée – ils sont partis – Il faisait nuit – il neigeait – La circulation était – La route dans les Alpes était – Thierry luttait – La pauvre mère s'inquiétait – on avançait – il y avait – la voiture a dû s'arrêter – un chasse-neige est venu et a ouvert – la mère est descendue – a réveillé – qui dormait – a donné – l'aide formidable de Thierry Chablis a sauvé la vie ▶ Seite 102

7. Béatrice Butor dessinait – il y avait – le travail avançait – Béatrice adorait – elle était – elle a rencontré – tu as acheté – Le garçon n'a pas répondu – ▶ Seite 104

est parti – Béatrice l'a suivi – elle l'a perdu – Béatrice réfléchissait – elle ne pouvait pas – pouvait – Béatrice regardait – on a montré – elle avait – travaillait

▶ Seite 105 8. James Bond est venu – l'équipe travaillait – James devait – une montgolfière qui était – Il faisait – il y avait – James Bond devait – Bond a voulu – il est tombé – une belle touriste de 68 ans qui était – elle le regardait – la dame a eu – Bond qui était – la dame était – a dit – La dame a commencé – est descendue – Bond n'a pas pu – il a raté – est tombé – l'équipe a eu

▶ Seite 107 9. on ne faisait pas de bruit – Les gens écoutaient – les cyclistes sont arrivés – ont pris – ils ont continué – Ils étaient – il y a eu – les cyclistes sont tombés – Cet accident m'a impressionné – les cyclistes étaient – j'étais – je croyais

H Fragen stellen

▶ Seite 110 1.
a) Qui est-ce qui travaille très bien à l'école?
b) Qui est-ce qui regarde la télévision?
c) Qui est-ce qui mange trois sandwichs?
d) Qui est-ce qui n'aime pas les activités dangereuses?
e) Qui est-ce qui rencontre des amis de La Rochelle?
f) Qui est-ce qui va rendre visite à tante Hélène à La Rochelle?
g) Qui est-ce qui a promis de venir à la fin des vacances?

▶ Seite 111 2.
a) Qui est-ce qui a appris le surf?
b) Qui est-ce qui a trouvé une petite amie?
c) Qui est-ce qui a lu 15 livres?
d) Qui est-ce qui a volé en ballon?
e) Qui est-ce qui a passé d'excellentes vacances?

▶ Seite 112 3.
a) Qui est-ce que maman a retrouvé?
b) Qui est-ce que Julie a vu au Puy? – Orts- und Zeitangaben stehen am Ende der Frage.
c) Qui est-ce qu'elle a appelé plusieurs fois?
d) Qui est-ce que Papa a beaucoup surpris?
e) Qui est-ce qu'il a invité pour Noël à Paris?

▶ Seite 113 4.
a) Qui est-ce que tu as vu?
b) Qui est-ce que Benoît a invité? – Vorsicht: Das -s von *invités* muss verschwinden, da das direkte Objekt *que* in der Frage nicht mehr im Plural steht.
c) Qui est-ce qu'il a imité au téléphone?
d) Qui est-ce que cela a énervé?
e) Qui est-ce que grand-mère a critiqué?

▶ Seite 114 5.
a) Qu'est-ce qui était assez grande?
b) Qu'est-ce qui était plein de trous? – Vorsicht: Du musst wieder angleichen.

c) Qu'est-ce qui était très froid?
d) Qu'est-ce qui était joli?
e) Qu'est-ce qui était délicieux?
f) Qu'est-ce qui était magnifique?

6. a) Qu'est-ce que vous cherchez? ▶ Seite 115
b) Qu'est-ce que vous voulez apprendre à l'aquarium? – **Orts- und Zeitangaben stehen an der letzten Position des Satzes.**
c) Qu'est-ce que vous ne trouvez plus?
d) Qu'est-ce qu'il vous faut maintenant?
e) Qu'est-ce que quelqu'un doit vous montrer?

7. a) Qui est-ce qui n'a pas de place? ▶ Seite 116
b) Qui est-ce que tu bouscules, Phil?
c) Qu'est-ce que vous voulez boire, mes petits?
d) Qu'est-ce qui vous dérange?

8. a) Connaissons-nous bien le chemin maintenant? ▶ Seite 117
b) Avez-vous dormi dans la voiture?
c) Viens-tu aussi à l'aquarium?
d) Regardez-vous les poissons?
e) Prend-il des photos?
f) Rentrent-ils à la maison?
g) Es-tu d'accord?

9. a) Explique-t-elle le problème? ▶ Seite 119
b) Accuse-t-on son voisin?
c) Accepte-t-elle le prix?
d) Examine-t-on la voiture?
e) Va-t-elle informer ses élèves?
f) Va-t-il appeler ses parents?
g) Oublie-t-elle ses devoirs?
h) Va-t-il offrir un beau cadeau?

10. a) A-t-elle téléphoné à son amie? ▶ Seite 120
b) A-t-il travaillé comme un fou?
c) A-t-elle bien mangé?
d) A-t-il plu hier?
e) A-t-elle reçu des bonnes notes?
f) Y a-t-il eu des problèmes?
g) A-t-on réveillé les enfants?
h) A-t-il surveillé les examens?

11. a) Avez-vous des croissants? ▶ Seite 122
b) N'avez-vous pas de croissants?
c) Vous ai-je donné 3 kilos de beurre?

d) Ne vous ai-je pas donné 3 kilos?
e) Ne l'écoute-t-elle pas bien?
f) Ne l'a-t-il pas bien écouté?

▶ Seite 124 **12.** a) Quoi de neuf?
b) De quoi parles-tu? oder: De quoi est-ce que tu parles?
c) A quoi font-elles attention? oder: A quoi est-ce qu'elles font attention?

I Die reflexiven Verben

▶ Seite 126 **1.** **s'habiller:** je m'habille, tu t'habilles, il / elle s'habille, nous nous habillons, vous vous habillez, ils / elles s'habillent
se coucher: je me couche, tu te couches, il / elle se couche, nous nous couchons, vous vous couchez, ils / elles se couchent
s'inquiéter: je m'inquiète, tu t'inquiètes, il / elle s'inquiète, nous nous inquiétons, vous vous inquiétez, ils / elles s'inquiètent
se lever: je me lève, tu te lèves, il / elle se lève, nous nous levons, vous vous levez, ils / elles se lèvent

▶ Seite 127 **2.** a) Je ne me couche plus très tard.
b) Phil ne se lève plus très tard le matin.
c) Je ne me moque pas de mon frère.
d) Le soir, nous ne nous disputons pas, mon frère et moi.
e) Mes parents ne se reposent plus toute la journée.
f) Cette année, ma mère ne veut plus s'occuper de nos devoirs.

▶ Seite 128 **3.** a) Bonjour, je m'appelle Monique Jospin.
b) D'abord, nous nous occupons de votre emploi de temps.
c) Vous ne devez pas vous inquiéter.
d) Nous allons parler des devoirs de cette année.
e) On va écrire des articles pour le journal de l'école qui s'appelle «école actuelle»
f) Vous pouvez vous adresser à Monsieur Chapuis et à moi.
g) Nous allons nous occuper du matériel nécessaire.
h) Alors, les enfants, au travail, ça y est.

▶ Seite 130 **4.** a) A trois heures du matin, je me suis levée pour finir mes devoirs.
b) D'abord, je me suis lavée très vite.
c) Puis, je me suis regardée dans le miroir.
d) Je me suis habillée et je me suis occupée des devoirs à faire pour Madame Jospin.
e) Mais qu'est-ce qui s'est passé à huit heures à l'école?
f) Madame Jospin s'est moquée de moi parce que je n'avais pas mon cahier avec les devoirs. Il était à la maison!

5. a) Ne vous disputez pas au cours. ▶ Seite 131
   b) Ne vous promenez pas dans la salle de classe.
   c) Ne nous occupons pas du bruit dans la cour.
   d) Ne te moque pas des autres.
   e) Ne te couche pas toujours si tard le soir.

6. a) N'allons pas au cinéma. – N'y allons pas. ▶ Seite 132
   b) Ne parlez pas aux voisins et aux voisines. – Ne leur parlez pas.
   c) N'écrivez pas de lettres aux copains. – Ne leur écrivez pas de lettres.
   d) Ne prenez pas de notes quand je parle. – N'en prenez pas quand je parle.
   e) Ne lis pas les livres de Harry Potter pendant les cours. – Ne les lis pas pendant les cours.
   f) Ne pensons pas aux vacances. – N'y pensons pas.

7. a) Baisse-la. ▶ Seite 133
   b) Fais-les.
   c) Range-la.
   d) Fermez-les.
   e) Lis-les.
   f) Ecoutez-les.

8. a) Donne-moi une réponse. ▶ Seite 134
   b) Occupe-toi de ton frère.
   c) Offre-lui une pomme.
   d) Levez-vous maintenant.
   e) Dis-leur bonjour de ma part.

J Das *Plus-que-parfait*

1. **habiter:** j'avais habité, tu avais habité, il / elle avait habité, nous avions habité, vous aviez habité, ils / elles avaient habité ▶ Seite 136
   ne pas ouvrir: je n'avais pas ouvert, tu n'avais pas ouvert, il / elle n'avait pas ouvert, nous n'avions pas ouvert, vous n'aviez pas ouvert, ils / elles n'avaient pas ouvert
   choisir: j'avais choisi, tu avais choisi, il / elle avait choisi, nous avions choisi, vous aviez choisi, ils / elles avaient choisi
   ne pas aimer: je n'avais pas aimé, tu n'avais pas aimé, il / elle n'avait pas aimé, nous n'avions pas aimé, vous n'aviez pas aimé, ils / elles n'avaient pas aimé

2. a) j'avais réagi ▶ Seite 137
   b) il avait plu
   c) tu avais ouvert
   d) nous avions admiré

e) elle avait connu
f) elles avaient perdu
g) vous aviez distribué
h) nous avions hurlé
i) il avait neigé
j) j'avais pensé

▶ Seite 137 **3.**
a) Nicole s'était baignée.
b) Les filles s'étaient lavé les pieds.
c) Les garçons s'étaient promenés.
d) Mon père s'était reposé.
e) Ma grand-mère s'était lavée.
f) Nous nous étions moqués de notre prof.
g) Julie et Anne s'étaient inquiétées.

▶ Seite 138 **4.**
a) Nous avions travaillé beaucoup à la ferme de mes parents.
b) Mes frères avaient aussi (oder: Mes frères aussi avaient ...) toujours aidé notre père après l'école.
c) Les garçons et moi, nous avions porté des vieux vêtements.
d) Nous n'avions pas eu de livres.
e) Nous avions dû faire les devoirs très tard dans la nuit.
f) De temps en temps, je m'étais imaginé une journée libre sans travail.
g) Mais cela avait été un rêve pendant de longues années.

▶ Seite 139 **5.**
a) les enfants avaient invité
b) ils avaient organisé
c) les chaises étaient tombées
d) François avait fait
e) il avait pris – avait construit
f) qu'on avait construite

▶ Seite 140 **6.** nous avons été – Nous avons vu – les villes que ma mère avait choisies – et qu'elle avait voulu voir – nous étions – ma mère disait – on ne nous a rien volé – ma mère a dit – nous sommes rentrés – c'était – Ma mère avait oublié – les voleurs avaient emporté – Ils avaient vidé – mon père avait rangé – il ne restait pas – ils avaient pris l'argent que ma mère avait oublié – Elle a pleuré

▶ Seite 141 **7.** nous sommes rentrés – nous avons eu – Nous n'avons plus reconnu – il y avait – qui était – Mes parents étaient – et voulaient savoir ce qui s'était passé – les voisins sont revenus – Ils étaient – ils avaient téléphoné – Le directeur avait promis – ils étaient – ce monsieur n'avait pas bien noté

▶ Seite 142 **8.** nous sommes rentrés – nous avons collé – les photos que nous avions prises – étaient – nous avons reçu – on écrivait – vous avez eu– Nous avions demandé – votre réponse était – Vous avez gagné